हृषीकेश सुलभ

हृषीकेश सुलभ का जन्म 15 फरवरी, 1955 को बिहार के छपरा (अब सीवान) जनपद के लहेजी नामक गाँव में हुआ। आरम्भिक शिक्षा गाँव में हुई और अपने गाँव के रंगमंच से ही उन्होंने रंग-संस्कार ग्रहण किया। उनकी कहानियाँ विभिन्न पत्र-पत्रिकाओं में प्रकाशित और अंग्रेज़ी सहित विभिन्न भारतीय भाषाओं में अनूदित हो चुकी हैं।

रंगमंच से गहरे जुड़ाव के कारण वे कथा-लेखन के साथ-साथ नाट्य-लेखन की ओर उन्मुख हुए और भिखारी ठाकुर की प्रसिद्ध नाट्यशैली बिदेसिया की रंगयुक्तियों का आधुनिक हिन्दी रंगमंच के लिए पहली बार अपने नाट्यालेखों में सृजनात्मक प्रयोग किया। विगत कुछ वर्षों से वे कथादेश मासिक में रंगमंच पर नियमित लेखन कर रहे हैं।

उनकी प्रकाशित कृतियाँ हैं—'अग्निलीक', 'दाता पीर' (उपन्यास); 'तूती की आवाज़' ('पथरकट', 'वधस्थल से छलाँग' और 'बँधा है काल' एक जिल्द में शामिल), 'वसंत के हत्यारे', 'हलन्त' (कहानी-संग्रह); 'प्रतिनिधि कहानियाँ' (चयन); 'अमली', 'बटोही', 'धरती आबा' (नाटक); 'माटीगाड़ी' (शूद्रक रचित 'मृच्छकटिकम्' की पुनर्रचना), 'मैला आँचल' (फणीश्वरनाथ रेणु के उपन्यास का नाट्यान्तर), 'दालिया' (रवीन्द्रनाथ टैगोर की कहानी पर आधारित नाटक); 'रंगमंच का जनतंत्र' और 'रंग-अरंग' (नाट्य-चिन्तन); 'संगरंग' (सम्पादन)।

सम्पर्क : पीरमुहानी, मुस्लिम क़ब्रिस्तान के पास, कदमकुआँ, पटना–800 003

ई-मेल : hrishikesh.sulabh@gmail.com

अमली

हृषीकेश सुलभ

राजकमल पेपरबैक्स

पहला पुस्तकालय संस्करण
राजकमल प्रकाशन प्राइवेट लिमिटेड द्वारा
2010 में प्रकाशित

राजकमल पेपरबैक्स में
पहला संस्करण : 2023

राजकमल पेपरबैक्स : उत्कृष्ट साहित्य के जनसुलभ संस्करण

राजकमल प्रकाशन प्रा. लि.
1-बी, नेताजी सुभाष मार्ग, दरियागंज
नई दिल्ली-110 002
द्वारा प्रकाशित

शाखाएँ : 1-बी, नेताजी सुभाष मार्ग, दरियागंज, नई दिल्ली-110 002
अशोक राजपथ, साइंस कॉलेज के सामने, पटना-800 006
1, अनमोल सोराबजी संतुक लेन, धोबी तलाव, मरीन लाइंस, मुम्बई-400 002

वेबसाइट : www.rajkamalprakashan.com
ई-मेल : info@rajkamalprakashan.com

बी.के. ऑफसेट
नवीन शाहदरा, दिल्ली-110 032
द्वारा मुद्रित

मूल्य : ₹150

AMALI
Play by Hrishikesh Sulabh

ISBN : 978-81-19835-25-6

प्रिय मीनू के लिए

पच्चीस वर्षों के बाद

आज ही के दिन यानी, सन् 1984 के 29 अक्तूबर को **अमली** का प्रथम मंचन हुआ था। **अमली** ने पच्चीस वर्षों का सफर पूरा किया। इन वर्षों में लगातार कहीं न कहीं इसका मंचन होता रहा। बीती शताब्दी के अन्तिम बारह-तेरह वर्षों में बिहार में इसके मंचन का आलम यह था कि हर महीने-दो महीने के अंतराल के बाद किसी नाट्यदल के द्वारा **अमली** के मंचन की सूचना मिलती। **अमली** की लोकप्रियता ने उन सीमाओं का अतिक्रमण किया जहाँ आकर कई नाट्यरचनाएँ ठिठक जाती हैं।

मैं अपने गाँव **लहेजी** की उन दो स्त्रियों को स्मरण करना और उनके प्रति विनम्र आभार प्रकट करना चाहता हूँ, जो किसी न किसी रूप में इस नाट्यरचना में शामिल हैं। पहली निमाजी-बो, जिनके जीवन का थोड़ा-सा सच इस नाटक में अपना रूप बदलकर उपस्थित है। मैं तेरह-चौदह का रहा होऊँगा जब उनका निधन हुआ। वो सड़क किनारे गुजर-बसर के लिए मिली डेग भर धरती पर बनी अपनी कोठरी में बैठकर गुड़गुड़ी पीतीं और निर्निमेष आँखों से अपने उस विशाल भूखंड को निहारती रहतीं, जहाँ दालान और गोशाला बन चुकी थी। उस दालान में ऊँचे तख्त पर लम्बी-चौड़ी काया और भारी

आवाज वाले बुजुर्ग बैठे रहते। दूसरी स्त्री अमली बुआ थी। हज्जाम घूरा मियाँ की पत्नी। अमली बुआ हमारे गाँव की बेटी थी और हम सब उसे बुआ पुकारते। वह शादी के बाद पति के साथ अपने मायके में ही रह गई। घूरा समूचे गाँव के दामाद थे और अमली बेटी, बहन और बुआ। जीवन में दुख और पीड़ा के प्रवेश के रास्ते अनंत होते हैं। कई बार दुख दिखता नहीं, और नदियों की धारा जैसे भीतर ही भीतर धरती को काटती-निगलती जाती है, ठीक वैसे ही जीवन को काटते-निगलते जाता है। अमली बुआ कुछ ऐसे ही दुखों और अद्‌भुत सौन्दर्य की स्वामिनी थी। उसकी बूढ़ी होती गोरी देह की सिन्दूरी आभा, उसके मृदु कंठ से फूटते बोल-गीत और पंछियों के परों-सा उसका स्नेहिल स्पर्श आज भी मेरे भीतर जीवित हैं। उसके जीवन की कुछ छवियाँ भी नाटक **अमली** में बनती-मिटती रहती हैं। अमली बुआ नहीं रही। घूरा मियाँ भी चले गए। उसके बेटे हदीस और पोते मुन्नैन हैं। हदीस दारू पीकर टुन्न रहते हैं। घूरा मियाँ थे, तो दोनों बाप-बेटे साथ पीते और आपस में जुआ खेलते—कफन के घीसू-माधव की तरह। आजकल हदीस का साथ मुन्नैन देते हैं।

अमली का पहला मंचन पटना की नाट्य संस्था 'कला संगम' ने किया था। मैं **अमली** के मंचन की प्रक्रिया का साक्षी नहीं सहभागी रहा और अन्ततः पूर्वाभ्यास के अन्तिम दौर में ऐसी अपरिहार्य स्थिति बनी कि मुझे आरम्भिक प्रदर्शनों में अभिनय भी करना पड़ा। नाट्यालेख का पहला प्रारूप अभी पूरी तरह तैयार भी नहीं था कि पूर्वाभ्यास आरम्भ हुआ। चार-पाँच दिन ही हुए थे कि निर्देशक सतीश आनंद फिल्मों में अपने लिए सम्भावनाएँ तलाशने बम्बई चले गए। उनका जाना पहले से तय था, पर हम सब अनभिज्ञ थे। एक फिल्म में छोटी-सी भूमिका करने के बाद वे बेहद उत्साहित थे। इस बीच नाट्यदल के अभिनेता साथियों के साथ मैं पूर्वाभ्यास में जुटा रहा और

नाट्यालेख धीरे-धीरे आकार लेता गया। केन्द्रीय संगीत नाटक अकादमी द्वारा युवा निर्देशकों के लिए एक विशेष योजना के अन्तर्गत इसे तैयार किया जा रहा था और मंचन भुवनेश्वर में होना था। तकनीकी दृष्टि से निर्देशक की उपस्थिति आवश्यक थी। भुवनेश्वर प्रस्थान से लगभग सप्ताह भर पहले निर्देशक पहुँचे। इस बीच दामुल फिल्म की शूटिंग शुरू हुई और दो वरीय अभिनेता अचानक पूर्वाभ्यास छोड़कर चले गए। फलतः अन्तिम दौर में मुझे और निर्देशक को अभिनय करना पड़ा। मुझे आज भी वे दृश्य याद हैं कि भुवनेश्वर की यात्रा के दौरान रेल में अपने ही लिखे हुए नाटक का संवाद याद करते हुए कैसे मेरे पसीने छूट रहे थे और पहले मंचन के दौरान अबरार खाँ की भूमिका में ग्रामीणों को सम्बोधित करते हुए मैं कैसे अपना संवाद भूलकर आशुरचना कर रहा था। नाटक का मंचन सफल रहा था। मंचन के बाद सब लोग एक-दूसरे से मिल-जुल रहे थे और मैं ग्रीन रूम में फूट-फूटकर रो रहा था। अपने पहले नाटक का पहला मंचन मुझे स्वप्न की तरह लग रहा था। मेरे मित्र सदानन्द मिश्र, जिन्होंने नाटक की प्रकाश-परिकल्पना की थी, ग्रीन रूम में आए। कहा, 'सब नाटककार को खोज रहे हैं और आप हैं कि छुपे बैठे हैं,' और मुझे बाहर ले गए। रतन थियम, प्रबीर गुहा, शमीक बैनर्जी, धीरेन दास, रति मिश्र, कवि ज्ञानेन्द्रपति--मैं इन सबों के बीच था। बहरहाल...**अमली** के इस मंचन से मेरे लिए सम्भावनाओं के नए द्वार खुल गए थे। अपनी बोली-बानी की नैसर्गिकता और अपनी माटी की सम्वेदना ने मुझे नई शक्ति दी थी।

इस नाटक से पहले **अमली** शीर्षक से मैंने एक कहानी लिखी थी, जो कथा-पत्रिका 'सारिका' के नवलेखन अंक, सन् 1977 में प्रकाशित हुई थी। कहानी की अमली बूढ़ी है। नाटक की अमली युवा है। नाटक में इस कहानी का कितना कुछ है, इस संदर्भ में नाटक

के पहले संस्करण की भूमिका में मैंने विस्तार से लिखा है। रंगकर्म की दृष्टि से बिहार एक गतिशील प्रदेश रहा है। तमाम असुविधाओं के बावजूद यहाँ निरन्तरता में रंगकर्म होता रहा है। भुवनेश्वर से वापसी के बाद पटना में **अमली** का मंचन हुआ। बड़ी संख्या में दर्शकों की भीड़ उमड़ पड़ी। दर्शकों को लगा कि यह उनका अपना नाटक है। आधुनिक रंगमंच पर आकर भिखारी ठाकुर की रंगयुक्तियों ने एक नया जीवन पाया। बिहार में पहली बार आधुनिक रंगकर्म सार्वजनिक विमर्श का हिस्सा बना। यह एक दुर्लभ संयोग था। अपनी सामंती संरचना के कारण अपने ही हाथों अपना सांस्कृतिक परिवेश नष्ट कर चुके बिहार के लिए यह एक घटना थी। प्रदेश के दूसरे हिस्सों से बड़ी संख्या में दर्शकों ने पटना आकर **अमली** का प्रदर्शन देखा। नाट्यदल कला संगम, जो दिल्ली में मंचित नाटकों की अनुकृतियाँ मंचित करने के लिए जाना जाता था, नए रूप में सामने आया। **अमली** के प्रदर्शन के लिए अन्य नगरों-प्रदेशों से लगातार निमन्त्रण आते रहे और नाट्यदल यात्राएँ करता रहा। **अमली** को आजादी के बाद के आधुनिक हिन्दी रंगमंच पर बिहार की प्रतिनिधि रंगरचना के रूप में स्वीकृति मिली। दो वर्ष बाद विद्या प्रकाशन मन्दिर, नई दिल्ली से **अमली** का पहला संस्करण प्रकाशित हुआ। पुस्तक प्रकाशन के तत्काल बाद विभिन्न नाट्यदलों द्वारा **अमली** के मंचन का सिलसिला शुरू हुआ और बिहार के ग्रामीण और कस्बाई दर्शकों तक अमली का जीवन पहुँचा। कुछ वर्षों पहले मैं बीहट (बेगूसराय) इप्टा का एक सौ इक्यावनवाँ प्रदर्शन देखने गया था। वहाँ पता चला कि अमली की भूमिका करनेवाली अभिनेत्री जयंती को अब लोग अमली ही पुकारते हैं और उसका मूल नाम गुम हो रहा है। इसी तरह कविता कुन्द्रा, वाणी सिंह, अनिता नेहा खलको, काकोली दास आदि की पहचान अपने शहरों में अमली से जुड़ी हुई

है। प्रदेश से बाहर निकलने के बाद अमली के साथ प्रयोगों का सिलसिला आरम्भ हुआ। दिल्ली आर्ट थिएटर के लिए जे.एन. कौशल ने **अमली** को मंचित करते हुए रंगपरिकल्पना में और पंचानन पाठक ने संगीत में नवीन प्रयोग किए। गोरखपुर में मंजुश्री के लिए निर्देशित करते हुए शैलेश श्रीवास्तव ने प्रख्यात लोकगायिका मैनावतीजी के सहयोग से संगीत का नया विधान रचा। बीहट इप्टा के लोकगायकों ने अपने संगीत में अन्तर्निहित नाट्य का पुनराविष्कार किया। मधुबनी इप्टा ने मिथलांचल की बोली-बानी और युक्तियों के साथ अपनी प्रस्तुति में नया रंग भरा। सम्भावना, भोपाल के लिए अतुल पटेल द्वारा निर्देशित प्रस्तुति में प्रयुक्त रंगयुक्तियों और रंगसंगीत ने अलग स्वाद दिया। छत्तीसगढ़ की स्थानीयता से मिलकर **अमली** का नया कलेवर सामने आया। रविलाल सांगड़े ने लम्बे समय तक हबीब तनवीर के साथ काम किया है। उन्होंने छत्तीसगढ़ी धुनों के साथ जिस रंगसंगीत की रचना की, उसने नाटक को नई रंगत्वरा दी। सम्भावना, भोपाल के अलावा कविता वर्मा के निर्देशन में पहले मैलोरंग, दिल्ली और बाद में समाजी, दिल्ली द्वारा मंचित प्रस्तुतियाँ **अमली** की नवीनतम प्रस्तुतियाँ हैं।

अमली की स्थानिकता को लेकर कभी-कभी कुछ रंगकर्मी साथियों ने चिन्ता व्यक्त की है। मेरा मानना है कि वही रंगमंच नया, प्रयोगधर्मी और सार्थक होगा, जो स्थानीय हो। अमली का रंगविधान बेहद लचीला है। इसकी स्थानीयता में प्रवेश के अनगिनत रास्ते हैं। किसी भी कल्पनाशील रंगकर्मी के लिए यहाँ पर्याप्त अवसर हैं कि वह इसकी स्थानीयता को अतिक्रमित कर काल और स्थान के अनुसार नई स्थानीयता को रच सके। आज शोर मच रहा है कि गाँव बदल रहे हैं, पर यह अर्ध सत्य है। कुछ नया यथार्थ अवश्य ग्रामीण जीवन में शामिल हुआ है, पर पुराना यथार्थ भी अपना रूप बदलकर

उपस्थित है। **अमली** के मंचन के दौरान यथार्थ की नई छवियों को प्रयोगशीलता और नवाचार के साथ रचने की सम्भावनाएँ इसके पाठ में अन्तर्निहित हैं।

अमली को नई साज-सज्जा के साथ प्रकाशित करने के लिए राजकमल प्रकाशन समूह के प्रबन्ध निदेशक श्री अशोक महेश्वरी ने गहरी रुचि दिखाई। आभार। सम्पादन कला में दक्ष कथाकार मित्र कर्मेन्दु शिशिर ने पहले नाट्यचिन्तन की पुस्तक *रंगमंच का जनतन्त्र* की सामग्री को सहेजकर पठनीय बनाया था और इस बार विभिन्न पत्र-पत्रिकाओं में पसरी टिप्पणियों के कुछ अंश चुनकर नाटक के इस संस्करण के लिए दिया। मैं उनका कृतज्ञ हूँ। **अमली** के लिखे और मंचित होने के उस आरम्भिक दौर के कई मित्रों को याद किए बिना पच्चीस सालों की यह यात्रा अधूरी रह जाएगी। नागेन्द्र, नवेन्दु, नीलाभ मिश्र, उर्मिलेश, आनन्द भारती, अनिल चमड़िया, मिथलेश सिंह, स्व. सहजानन्द, स्व. वेदप्रकाश वाजपेयी, स्व. अमरेन्द्र दुबे, अवधेश प्रीत, शेखर, रामजी राय, परवेज अख्तर, तनवीर अख्तर, सत्येन्द्र सिन्हा जैसे मित्र **अमली** की इस यात्रा में किसी न किसी रूप में साथ रहे हैं। इन मित्रों सहित पटना के रंगदर्शकों और रंगकर्मियों की आलोचना-प्रशंसा से मैं पालित-पोषित हुआ हूँ। प्रथम मंचन करनेवाले नाट्यदल कला संगम से सन् 1993 में मैंने अपने सभी नाटकों के प्रदर्शन का अधिकार कुछ अप्रिय कारणों से वापस ले लिया था। परन्तु मैं इस सच को नहीं झुठला सकता कि **अमली** के रचे जाने की प्रयोगशाला नाट्य संस्था कला संगम थी। भिखारी ठाकुर की परम्परा के नर्तकों को खोजते हुए कुल्हड़िया और चाँदी के इलाके में मेरे साथ अभिनेता झुन्नू श्रीवास्तव भटकते रहे। डाल्टनगंज से आकर आनन्द मोहन पाठक ने बिना किसी आर्थिक लाभ के **अमली** का संगीत तैयार करने में सहयोग दिया। जबरन बजाते-बजाते कन्हैया

बाँसुरी बजाने लगे। यह कन्हैया नामधारी होने की सजा थी। नाल-ढोलक बजाते हुए अशोक पांडेय की अँगुलियों में सूजन आ जाती थी। सूत्रधार की भूमिका करनेवाले शास्त्रीय संगीत के छात्र नीलेश्वर मिश्र नाटक में ऐसे उलझे कि शास्त्रीयता छूट गई और गायन-नृत्य-अभिनय करनेवाले टोटल एक्टर बन गए। अहिन्द्र ने कब हारमोनियम बजाना सीख लिया, किसी को पता नहीं चला। लाठी-बाना के करतब सिखाने आए थे ओमप्रकाश और लगे नाटक में अभिनय करने। नीलेश, कविता कुन्द्रा, कृष्णमुरारी, कन्हैया, झुन्नू विनीत झा, अहिन्द्र, अभय सिन्हा—सब के सब मेरे भीतर थे और मैं था इन सबों के भीतर नए रूप में विकसित होता हुआ। मैं सबका आभारी हूँ।

अमली का नया संस्करण पाठकों-रंगकर्मियों को सौंपते हुए मुझे बेहद प्रसन्नता हो रही है। पच्चीस वर्षों तक इस नाट्यरचना को प्यार करनेवाले तमाम पाठकों-रंगकर्मियों के प्रति विनम्र आभार!

—हृषीकेश सुलभ

29 अक्तूबर, 2009

भिखारी ठाकुर, बिदेसिया और अमली

बिदेसिया मूलतः भिखारी ठाकुर की एक नाट्यरचना का नाम है। लोक प्रचलित गीतों और धुनों में पिरोए मर्मस्पर्शी कथानक वाले नाटक बिदेसिया ने बिहार के ग्रामीण जन-जीवन की चिन्ताओं को अभिव्यक्ति दी, अतः इसे अपार लोकप्रियता मिली। विरहिणी नायिका **प्यारी सुन्दरी**, विदेश गए नायक **परदेसी,** संदेशवाहक दूत **बटोही** और परदेस में नायक की प्रेयसी **रखेलिन**–यही चार पात्र इस नाटक की कथा के केन्द्रबिन्दु हैं। भूमि का असन्तुलित बँटवारा और रोजगार का अभाव आज भी बिहार के गाँवों से प्रतिदिन असंख्य लोगों को जीविका की तलाश में दूरस्थ नगरों की ओर पलायन करने के लिए लाचार करता है। इस क्रम में लम्बी अवधि तक पति का प्रवासी होना इस क्षेत्र की एक जीवन्त समस्या है, जिसे भिखारी ठाकुर ने रचा और मंचित किया। भिखारी ठाकुर जब बिदेसिया का मंचन करते थे, दस से पन्द्रह हजार तक की भीड़ दूर-दूर के गाँवों से मीलों पैदल चलकर उनका प्रदर्शन देखने आती थी। जीवन से गहरे जुड़े नाट्यरूपों, घर-घर गाए जानेवाले संस्कार और लोकगीतों तथा नृत्य की सम्प्रेषणीय गतियों और आंगिक संरचनाओं के कारण यह बेहद लोकप्रिय हुआ तथा भिखारी ठाकुर

के जीवनकाल में ही शैली बन गया। स्वयं भिखारी ठाकुर ने तथा उस समय के अन्य नाट्यदलों ने इस शैली में कई रचनाओं का सृजन और मंचन किया। **लौंडा नाच** के नाम से प्रचलित इस लौकशैली को नया नाम मिला—**बिदेसिया**।

बिहार के गाँवों की सामाजिक एवं आर्थिक संरचना को सामंतों ने हमेशा अपनी गिरफ्त में रखा, अतः यहाँ की सांस्कृतिक चेतना का सहज और वैज्ञानिक विकास नहीं हो सका। जीवन-सापेक्ष कलारूपों की नींव जब कभी पड़ी, सामंतों-भूपतियों ने इन कलारूपों को अपनी ऐयाशी का साधन बनाया तथा विकृत किया। भिखारी ठाकुर उस वर्ग की संतान थे, जो हमारे गाँवों में आज भी गुलामों का जीवन जीता है और जिनकी रगों में बहते लहू के रंग को सामंत-भूपति अपने आतंक से सफेद कर देते हैं। भिखारी ठाकुर की रचनाओं में आतंक से पैदा हुआ यह सफेद रंग उपलब्ध है। यह रंग उनकी भक्ति रचनाओं में ईश्वर के प्रति आस्था के रूप में और जीवन की बेबसी पर विलाप-स्वर के रूप में उभरा है, तो साथ ही चुभते हास्य-व्यंग्य की भाषा और स्थितियों के माध्यम से इस सफेद रंग ने ललछौंहा कलेवर भी धारण किया। यह सब कहीं-कहीं पूरी तीव्रता और कलात्मकता के साथ सामने आया है, तो कहीं अनगढ़ रूप में भी। इस अनगढ़ रूप पर लोगों ने दृष्टिहीनता का आरोप लगाया, पर यह उनके परिवेश और जीवन स्थितियों के बीच से उपजी रचनात्मक लाचारी थी, दृष्टिहीनता नहीं। लोगों के शोषित होते जाने की बेबसी और पीढ़ी-दर-पीढ़ी के शोषण से पैदा हुए संस्कार को उन्होंने अपनी रचनाओं के प्रौढ़ कथ्य, लोकोक्तियों से भरी भाषा और सशक्त नाट्यरूपों के माध्यम से जनसाधारण के बीच सम्प्रेषित किया। विसंगतियों से भरे समाज के वर्तमान स्वरूप का उन्होंने भरपूर उपहास उड़ाया और

भविष्य की चिन्ता को भी अभिव्यक्ति दी। उस समय के गाँवों की स्थितियाँ आज की अपेक्षा और अधिक त्रासद थीं। भिखारी ठाकुर की प्रस्तुतियों में जब जनता ने अपने जीवन की धड़कन सुनी, संवेदना और चेतना के संतुलित स्पर्श को महसूस किया, तो सामंतों-भूपतियों के कान खड़े हो गए और इन शोषक शक्तियों ने इस नाट्यपरम्परा को भ्रष्ट करना शुरू किया। कलाकार इनके खेतों में काम करनेवाले बँधुआ मजदूर होते और इनके यहाँ मांगलिक अवसरों पर तथा पर्व-त्योहारों पर इनकी रुचि के अनुसार प्रदर्शन करना पड़ता। इस तरह अधिकांश नाट्यदलों पर सामंतों-भूपतियों का ही कब्जा था। इन लोगों ने अपनी विकृत रुचियों के अनुरूप इस शैली के नाट्यरूपों, गीत-संगीत और कथाओं को भ्रष्ट किया। आज भी बिदेसिया या लौंडा नाच के कलाकार भूपतियों के रखैल की तरह रहते हैं और अमानुषिक यातनाओं के शिकार बनते हैं। इनकी आय का अधिकांश हिस्सा भी इन्हीं शोषक शक्तियों के हाथ लगता है।

भिखारी ठाकुर के यौवन के आरम्भिक दिन कलकत्ता में बीते। प्रवास के दिनों में ही उन्होंने मानस से प्रेरित होकर कविताई (काव्य रचना) शुरू किया। इस कविताई से नाट्यलेखन और नाट्यकर्म की यात्रा के बीच उन्होंने विभिन्न अंचलों की लोक-कलाओं से अपने अनुभव को समृद्ध किया। बिदेसिया शैली में बंगाल के जात्रा और असम के अंकिया की रंगरूढ़ियों की स्पष्ट छाप मिलती है। उन्होंने बाउल नर्तकों की गतियों और आंगिक संरचनाओं से अपने नृत्य की गतियों और बिम्बों को समृद्ध किया। **बीहू** की कमर की उत्तेजक गतियों का भी उन्होंने अपने नाच में सृजनात्मक उपयोग किया। **नौटंकी** और **स्वाँग** का प्रभाव भी बिदेसिया में मिलता है। अभिनय के लिए पारसी रंगमंच तथा विदूषक और भरत

वाक्य के रूप में संस्कृत रंगमंच को भी अपनाया। बिहार के लोकनाट्यरूपों *(जट-जटिन, डोमकच, झीझिया, कीरतनिया, जोगिरा, नेटुआ नाच, हुड़का नाच, पखावज नाच और बिदापद नाच आदि)* की रंगयुक्तियों, गीति-कथाओं *(सामा-चकेवा, सोरठी-विरजाभार, पँवारा, शोभानायक बनजारा, भरथरी चरित, लोरिकायन, गोपीचन्द, सती बिहुला, कौआहँकनी, मैनावती, सहलेस, कुँवर विजयीमल और आल्हा-ऊदल आदि)* की संवेदना और प्रस्तुति-गायन शैली तथा असंख्य संस्कार एवं लोकगीतों *(सोहर, खिलौना, परिछावन, कोहबर, संझा-पराती, चुमावन, विदाई, पूरबी, झूमर, कवित्त, जँतसारी, निरगुन, सुमिरन, विरहा, तेवड़ा, पचरा, खेमटा, नचारी, होरी, फाग, चैती, कजरी और बारहमासा आदि)* तथा उनकी धुनों का उन्होंने अपनी प्रस्तुति-शैली में भरपूर उपयोग किया।

बिदेसिया के नर्तक-अभिनेताओं में बहुरूपिया अभिव्यक्ति की अपार क्षमता होती है। विदूषक (लबार) द्वारा विसंगतियों से भरे जीवन की दुखती रगों पर व्यंग्य की अँगुली रखकर हँसाना-रुलाना, कहीं अतिनाटकीयता के साथ संवाद-प्रक्षेपण और कहीं बिना संवाद के मात्र मुद्राओं-मुखाकृतियों और वेशभूषा से ही गम्भीर नाटकीय प्रभाव पैदा करना बिदेसिया की विशिष्टता है। मंच पर एक-दो चक्कर लगाकर गाँव से कलकत्ता पहुँच जाना और कलकत्ता से गाँव पहुँच जाना, बंदूक बनी लाठी को हल में बदलकर खेत जोतते हुए किसान में रूपान्तरित होकर अपना चरित्र स्थापित कर देना तथा एक मैली चादर तानकर एक तरफ दुल्हन की लज्जा और सखियों की ठिठोली का संगीत और दूसरी तरफ दूल्हा के साथ दरवाजे पर लगती बरात की उल्लसित भीड़ की रचना का कौशल बिदेसिया की समृद्ध रंगयुक्तियाँ हैं। दर्शकों से खचाखच भरे शामियाने के नीचे कुछ तख्तों पर या थोड़ी-सी धरती घेरकर बिना

किसी यवनिका के जीवन को रचने और विश्लेषित करने के हुनर का नाम बिदेसिया है।

अमली के नाट्यालेख में मेरी यह कोशिश रही है कि पुनर्प्रस्तुति के खतरों से बचकर पुनर्सृजन कर सकूँ। इस नाटक में गीत-संगीत और नृत्य की विशेष भूमिका है। अमली का गीत-संगीत नाटक की भावदशा को उत्प्रेरित करता या कथा को मात्र आगे बढ़ाता ही नहीं है, बल्कि कथा, पात्रों और उनके जीवन के कार्य-व्यापार पर सार्थक टिप्पणियाँ भी करता है। ये टिप्पणियाँ दर्शकों को स्थिति के प्रति एक द्वन्द्वात्मक और आलोचनात्मक दृष्टि देने की कोशिश करती हैं। अमली में अलग से यथार्थ का ताना-बाना बुनने की जरूरत नहीं पड़ती है और साथ ही यथार्थवादी ढर्रे से अलग हटकर कुछ करने के लिए एक पृष्ठभूमि मिलती है। इस नाटक की रंगयुक्तियाँ मात्र आकर्षण के लिए नहीं हैं। उनके पीछे एक चेतन दृष्टिकोण है, जो हमारी संवेदनशील परम्परा के गर्भ से पैदा होता है। **सूत्रधार, विदूषक** (लबार गड़बड़िया) और **समाजी** (कोरस) की उपस्थिति हमारे लोकमंच के लिए एक परम्परागत उपस्थिति है। यह उपस्थिति अधिकतर कथा के बिखरे हुए सूत्रों को जोड़ने, किसी विशेष पात्र के मंच पर नाटकीय प्रवेश या कथा की भाव-तीव्रता को उत्पन्न करने के लिए होती रही है। पर अमली में सूत्रधार, लबार गड़बड़िया और समाजी साधारणीकरण की स्थिति को तोड़ते हैं। इनके संवाद और कार्यव्यापार दर्शकों को अहसास दिलाते हैं कि जो दिखाया जा रहा है, वह सिर्फ सच नहीं है, सच के ऊपर टिप्पणी भी है। अमली के नाट्यालेख में यह कोशिश लगातार बनी रहती है कि दर्शकों की कार्यक्षमता और चेतना क्षीण न होने पाए और वे ऐसे क्षणों में पर्यवेक्षक के रूप में बदल जाएँ।

बिदेसिया शैली में नाट्यालेख की रचना के लिए मैंने अपनी कहानी अमली (सारिका, नवलेखन अंक-एक, अप्रैल, 77 में प्रकाशित) की केन्द्रीय-कथा को आधार-कथा के रूप में अपनाया है। कहानी की अमली और नाटक की अमली में बहुत अन्तर है। अमली की मात्र कथा-चेतना को मैंने नाटक के लिए स्वीकार किया है। इस प्रक्रिया में जो कुछ सहजता से आ सकता था, लिया है। बाकी सबकुछ छूट गया है या बदल गया है।

अमली की भाषा न तो मेरे लिए चिन्ता का कारण रही न ही अब तक के प्रदर्शनों को देखनेवाले दर्शकों के लिए असहज या दुर्बोध रही है। ओड़िसा और बंगाल जैसे अहिन्दीभाषी राज्यों के दर्शकों ने इसे समझा और इसके स्वाद को महसूस किया। गीत भोजपुरी में हैं और संवाद भोजपुरी मिश्रित हिन्दी में। भोजपुरी बिहार और उत्तर प्रदेश के अधिकांश हिस्सों में प्रचलित एक आंचलिक भाषा है। इसका अवधी, ब्रजभाषा, छत्तीसगढ़ी, सम्बलपुरी, मालवी, बुन्देली, बज्जिका, अंगिका और मागधी के अलावा दक्षिण बिहार की जनजातीय बोली नगपुरिया से गहरा रिश्ता है। अमली की भाषा में मात्र व्याकरण की दृष्टि से हिन्दी का स्वरूप तलाशने पर त्रुटियाँ मिलेंगी, पर देशज शब्दों, लोकोक्तियों, मुहावरों, चुहल और निःशब्द स्थितियों को सम्प्रेषित करनेवाले ध्वनि-संकेतों से भरी इसकी भाषा रस के ऐसे स्रोतों को उद्घाटित करती है, जो हमारी संवेदना और चेतना को नया जीवन देते हैं। अमली के गीत भोजपुरीभाषी अंचल की लोकप्रिय धुनों पर लिखे गए हैं, जिन्हें आज भी खेत-खलिहानों में, कुआँ-पोखर के किनारे और घर-आँगन के बीच सुना जा सकता है। प्रस्तुति के समय इनकी लयात्मकता को लेकर किसी विशेष आग्रह की जरूरत नहीं। इन्हें स्थानीय रंग में सहजता के साथ रँगा जा सकता है। सुमिरन और विवाह-गीत

को स्थानीय परम्परा के अनुसार बदला जा सकता है। पारम्परिक सुमिरन के अलावा भिखारी ठाकुर की मूल बिदेसिया के गीत, अपना रूप बदलकर हमारे गाँवों की परम्परा बन चुकी कबीर की रचनाओं के अंश और कुछ बहुप्रचलित गीतों के मुखड़ों का उपयोग अमली में हुआ है। ढोलक, ताशा, खँजड़ी, हुड़का, बाँसुरी, झाल, करताल और हारमोनियम आदि कुछ वाद्य-यन्त्रों के सहारे बिदेसिया की संगीत रचना होती है। इन वाद्यों के अलावा अम्य लोकवाद्यों को शामिल करने से इसका स्वरूप और निखरेगा, ऐसा मुझे लगता है।

–हृषीकेश सुलभ

(प्रथम संस्करण की भूमिका)

अमली

केन्द्रीय संगीत नाटक अकादमी, नई दिल्ली द्वारा भुवनेश्वर में मंचित 'अमली' नाटक के भावपूर्ण दृश्य

मंच के पीछे

प्रकाश • सदानन्द मिश्र

निर्देशन • सतीश आनन्द

मली का प्रथम मंचन केन्द्रीय संगीत नाटक अकादमी, नई दिल्ली द्वारा भुवनेश्वर
में आयोजित पूर्वी क्षेत्र नाट्य समारोह में 29 अक्तूबर सन् 1984 को 'कला संगम'
पटना ने किया।

सूत्रधार • नीलेश्वर मिश्र
गड़बड़िया • कृष्णमुरारी
अमली • कविता कुन्द्रा / वा
महादेव राय • सतीश आनन्द
अबरार खाँ • हृषीकेश सुलभ /
मुंशीजी • कन्हैया प्रसाद
रमेसर • झुन्नू श्रीवास्तव
बचना • अहिन्द्र
बुधिया • सुजाता / नीलम प्रभा / नय
बुझावन • नवीन अधिकारी
किसुनवा • राजू / ओमप्रकाश
ग्रामीण और समाजी • अशोक पांडेय, विनी
पाठक, अभय सिन्हा, आनन्द, अभयेन्द्र, अ
सुभानी खाँ, उदय, हासिम, रमेश, राजीव और सु
वाद्य-यन्त्रों पर • अशोक पांडेय (ढोलक), आन
अहिन्द्र (हारमोनियम), हासिम (डागा), सुभानी (हुड़
(ताशा) और कन्हैया (बाँसुरी)

[हारमोनियम, ढोलक, हुड़का, ताशा, बाँसुरी, झाल और करताल आदि वाद्यों के साथ नाटक के सारे पात्र मंच पर प्रवेश करते हैं। मंच के पिछले हिस्से पर दर्शकों के आमने-सामने बैठते हैं। मंच के बदले चौकोर शामियाना के नीचे एक तरफ की धरती का सुविधानुसार उपयोग किया जा सकता है। समाजियों (कोरस) सहित सारे पात्रों के बैठने के बाद उनके आगे की धरती या मंच का उपयोग अभिनय-स्थल के रूप में होगा। मंच पर प्रवेश के बाद सब शीश झुकाकर अभिवादन करते हुए बैठ जाते हैं। समाजी अपने वाद्य-यन्त्रों को मिलाते हैं और सुमिरन गाते हैं। सुमिरन में नाटक के सारे पात्र शामिल होते हैं।]

समाजी : **सुमिरन**

आहो गननायक देवता,
आहो गननायक, आहो गननायक देवता।
सुमिरन में होखऽ ना सहाय, आहो गननायक देवता।

शंकर सुवन भवानी के नन्दन, आहो गननायक देवता।
लडुवा के भोगवा बा तोहार, आहो गननायक देवता।
हथिया के सूँड़वा पवलऽ मूस के सवरिया,
मानुस शरीरवा बा तोहार, आहो गननायक देवता।
सुमिरन में होखऽ ना सहाय, आहो गननायक देवता।

[नाट्यदल अन्य पारम्परिक वन्दना का भी प्रयोग कर सकते हैं। सुमिरन समाप्त होते ही सूत्रधार उठता है। वह पारम्परिक वेशभूषा (घाघरानुमा पेशवाज, तंग मोहरी का पाजामा या धोती-मिरजई और कमरबन्द, दुपट्टा तथा पगड़ी) में है। वह मंच के अगले भाग में आता है और लोकधुन पर नृत्य के टुकड़े प्रस्तुत करता है। नृत्य के बाद सिर झुकाकर दर्शकों को नमस्कार करता है।]

सूत्रधार : दूर-दूर से पधारे दरसक देवता लोगन को बार-बार परनाम। आज आप सब नाच-तमासा देखे खातिर पधारे हैं। नाच-तमासा से दुखी मन को सुख मिलता है। अगर देखनिहार को ई सुख मिल जावे, तो नाच-तमासा वाले लोगन की

मेहनत सुफल। पर एक अरज है हमारी कि... ई पल भर का सुख...छिन भर की हँसी... मायाजाल है।

[पारम्परिक निरगुन]

काहे, गइले मायापुर बाजार रे अनाड़ी मनवा।
एहिजा बइठल ठग दुकानदार रे अनाड़ी मनवा॥
दिन देख चलिहऽ रतिया बितइहऽ तुहुँ जाग।
डेगे-डेगे चोर-बटमार रे अनाड़ी मनवा॥

तो भइया लोग! नाच-तमासा से घर लौट के फिर दुख...फिर माया...फिर झंझट। सो, देवतासरूप दरसक लोग। आज के तमासा में सुख ना है...हँसी ना है। आज के तमासा में जिनगी के साँच-साँच किस्सा है।

सिरी गनेस पद नाऊँ माथा।
तब गाऊँ अमली के गाथा॥

भाई लोग! आज के तमासा में अमली का किस्सा है।

नावत बानी सब केरू माथा।
चित दे सुनहु अमली के गाथा॥

अमली का किस्सा केवल हमारे गाँव का किस्सा ना है। हर गाँव में है अमली अउर देस के हर गाँव में है अमली का किस्सा।...जिला

सीवान का गाँव मनरौली। गाँव मनरौली की अमली। मनरौली के अछूत-हरिजन परिवार की अमली। बुधिया के टुटहे घर के आँगन में मंगल-बधाव बज रहा था,...गीत-गवनई चल रहा था।

[बुधिया कुछ औरतों के साथ बेटा और बहू के स्वागत की रस्म कर रही है। सूत्रधार सहित सारे समाजी भी इस समूहन-दृश्य में शामिल होते हैं और गायन में साथ देते हैं।]

विवाह-गीत

आवेले कवन बाबू हथिया से घोड़वा हे,
आवेले कवन दुलहा बहू लेहले डोलिया हे।
आवेले रमेसर बाबू हथिया से घोड़वा हे,
आवेले रमेसर दुलहा बहू लेहले डोलिया हे।
पहिरीं ना बुधिया माई इयरी से पियरी हे,
बहुआ परिछीं घरे मंगल गावहु हे।
सासऽ के अँखियाँ लागेली मधुमखिया हे,
निरखि-निरखि बिहँसे बहू रसरंगिलिया हे।

[निर्देशक स्थानीय रस्म-रिवाज के अनुसार किसी अन्य गीत का भी उपयोग कर सकते हैं। गीत समाप्त होते ही प्रकाश सिमट जाता है और समाजियों पर पूर्ववत् केन्द्रित होता है।]

समाजी एक : भाई! खुशी-खुशी विवाह निबट गया। कनिया घर आ गई अउर किस्सा खत्म हो गया?

सूत्रधार : ना भाई, किस्सा तो अब चालू हुआ है।

समाजी दो : तो आगे का किस्सा कवन बयान करेगा?

सूत्रधार : सब लोग मिल-जुलकर करेंगे भाई। एतनी बड़ी, एतनी भारी जिनगी का किस्सा अकेले हमरे बस का ना है।...तो भाई दरसक देवता लोग!...दिन बीता...मास बीते...बीत गया विवाह का उछाह। धतूरे के फूल जइसी मदमाती जवानी का नशा उतरते देर ना लगी। विवाह के बाद नयका जोड़े की देह फूलती-फलती है...लहराती है खेत की जवान फसल की तरह। पर रमेसर-अमली के साथ अइसा कुछ भी न हुआ। जइसी सूखी-कँटीली जिनगी पहिले थी, वइसी ही रही। साँच कहें तो...।

समाजी एक : अरे भाई, खाली किस्सा-कथा सुनाओगे कि आगे भी दिखाओगे?

समाजी दो : गप्प में सगरी रात बीत गई। जल्दी करो, जल्दी।

सूत्रधार : दिखा रहे हैं भाई।

समाजी एक : अरे तुम तो बस गपियाए चले जा रहे हो।

सूत्रधार : लो भइया, देखो।

[मंच के एक भाग में प्रकाश होता है। अमली जाँता से अन्न पीस रही है। थोड़ी

दूरी पर सामने बैठा रमेसर गँड़ासी से चारा काट रहा है। बुधिया प्रवेश करती है।]

बुधिया : का हुआ रे रमेसरा? अब सूरज माथ ऊपर चढ़ेगा अउर तू आँगन में बइठा है?

रमेसर : माई, तुम्हारी आँख की जोत तो भिनसार तक ठीक थी। घंटा-दू घंटा में कइसे कम हो गई?

बुधिया : का हुआ हमरी आँख की जोत को?

रमेसर : दिख ना रहा है?...हम आँगन में बइठे हैं कि चारा काट रहे हैं?

बुधिया : रोज तू ही काटता है का? *(चुप्पी)* बोलता काहे ना है रे? तुम्हारे भरोसे ही माल-मवेशी हमरे दुआर पर पागुर करते हैं?

रमेसर : ना माई, हम तो ठहरे घरघुसरा। घर में बइठ के मेहरी का मुँह निहारते रहते हैं। सगरे गाँव कहता है कि रमेसरा तो घरघुसरा है, तो तू काहे ना बोलेगी!

बुधिया : ना रे बेटा, तू तो हमरा कमासुत लाल है। काहे नाराज होता है? साँच बात कही है कि कब तुम्हारे भरोसे माल-मवेशी रहते हैं। हम तो अपने ही कवनो बोझ ना डालते हैं तुम्हारे माथ पर। दिन भर तू बाहर हाड़ तोड़ता है, मेहनत-मजूरी करता है, तब रोटी-साग दिखती है थाली में। *(अमली से)* का री कनियाँ, काहे नाक फुला-फुला के बोल रहा है?

[इस बीच अमली लोटा में पानी लिये बुधिया के पास आती है। उसके सामने लोटा रखती है।]

पानी पहिले ओकरे पास रख। रात की रोटी बची हो, तो दे दे खाने को। खाकर बाबूटोला जाएगा।

रमेसर : हम ना जाएँगे बाबूटोला। बाबूटोला...बाबूटोला... बाबूटोला! जइसे सगरी जिनगी की गुलामी लिखी है हमरे नसीब में।

बुधिया : आग लगवाएगा झोंपड़ी में तू। बुढ़ौती के झोंटा कटवाएगा का हमरा? लात-गाली तो मिलेगी ही, इज्जत-आबरू भी जाएगी घर की। जवान कनिया बैठी है घर में अउर तू वैर नेवत रहा है? एक तो पहिले से ही...

रमेसर : *(बात काटते हुए)* चाहे केहू घर फूँक दे, चाह जान-परान ले ले, पर हम तो ना जोतेंगे बाबूटोला का हल आज से। समझी? लात-गाली तो वइसे ही करम में है। फिर कवन बात का डर? काम करो तो भी पिटो, ना करो तो भी पिटो। फिर कवन बात की गुलामी?

बुधिया : तुम्हारा दिमाग चढ़ गया है। मति मारी गई है तुम्हारी बचना के साथ रहते-रहते। वही करमजला बिगाड़ रहा है। *(अमली से)* कनिया! बचना आया था का रे? *(चुप्पी)* बोलती काहे ना है?

अमली : हूँ! दोनों जन खुसुर-फुसुर कर रहे थे बहरी बइठके। हम का जानें कि का बतिया रहे थे!

बुधिया : बचना की बात में ना पड़ बेटा। सगरी उमिर काट दिया तुझे छाती से सटाए-सटाए। कुटौनी-पिसौनी करके पाला-पोसा है रे। आज हमरी आँख के सामने तेरा लहू बहाएँगे बाबूटोला के साँड़, तो हमरी छाती ना फटेगी का?

रमेसर : रोज-रोज माई-बहिन अउर मेहरी की गाली सुनते रहें तब छाती जुड़ाएगी तुम्हारी? तू चाहती है, हम जिनगी भर कोल्हू के बैल की तरह पिसते रहें!

बुधिया : ना रे! लिखनी-पढ़नी कर। बाप का नाम साग-पात, बेटा का नाम परोर। हुँह! जनम लिया चमार-दुसाध घर अउर मान करेगा राजपूत-पठान के पूत की तरह।

रमेसर : मान कहँवा बचा है कि मान करेगा केहू। मान तो पुरखा लोग बेच आए पठान टोला अउर बाबूटोला की डेवढ़ी पर।

बुधिया : धीमा बोल बेटा...धीमा बोल। बात को पाँख लगते दर ना लगती है। सुन ले केहू तो आफत गिरेगी माथ पर।

रमेसर : हम ना डरते हैं कवनो से।

बुधिया : माथा थिर कर रे। बात मान ले हमरी। मालिक-मालिकान से रगड़ा-झगड़ा करके

जन-मजूर की जिनगी ना कटती है। जन-मजूर का जनम ही होता है मालिक-मालिकान की सेवा-टहल खातिर। समझा? एही सेवा-टहल में नेम-धरम छिपा होता है। जेकरी धरती पर पसीना बहाके, जेकरी धरती पर हाथ-गोड़ हिलाके रोटी मिले, ओकरी बात का बुरा ना मानते बेटा। बिना मजूरी जिनगी तो पार ना लगेगी बेटा। हियाँ न ऊहाँ...ई दुआर, ना तो ऊ दुआर।

रमेसर : ई दुआर, ऊ दुआर...सब पहचानते हैं। सब साले हाड़-मांस नोचते हैं। हम सोच लिये हैं कि कवनो साले की मजूरी ना करेंगे।

बुधिया : तो ई पेट का नरक कइसे भरेगा? हम औरत जात अकेले केतना हाड़ तोड़ें? बोल?

रमेसर : कवन कहता है कि तू हाड़ तोड़? हमरी मरजी, चाहे जहँवा से लाएँ घर का खरच-बरच।

बुधिया : सेंध मारेगा का? बचना का लच्छन तो पहिले से ही बिगड़ा है...जेहल खटवाएगा अभागा।

रमेसर : माई, तू तो बात समझती ना है अउर खाली बकर-बकर करती है।

बुधिया : हाँ रे, हमरी तो मति मारी गई है। कर तू अपने मन की। जवन-जवन जी में आए कर। हमरा का है? हमरी तो उमिर कट गई...पक गई देह। गाछ-बिरिछ से लटके हैं...अब गिरे, तब गिरे—टप से! मियाँ-बीबी समझो अपनी जिनगी। हमरा का है? हम तो मूस की दवाई

खाके सोएँगे कवनो रात, तो फिर भोर ना होगी।

[रोती-सिसकती हुई बुधिया बाहर निकल जाती है। रमेसर उसे जाते हुए देखता रहता है। अमली उसके पास आती है। उसके काँधे पर हाथ रखती है।]

अमली : काहे अपनी जिद पर अड़ जाते हो? बात काहे ना मानते?

रमेसर : तू आई है जज-मोखतार बनके? पैरवी करने आई है तू?

अमली : हम का जानें जज-मोखतार! हमरे जज-मोखतार तो तुमही हो!

रमेसर : हम ना है जज-मोखतार। हम तो जन-मजूर हैं। हाथ-गोड़ बना रहे तो कवनो जगह पेट का नरक भरने लायक जुगाड़ कर लेंगे। महादेव राय अउर अबरार खाँ की गुलामी वास्ते अँगूठे का निशान ना लगाया है। समझी तू?

अमली : फिर घर कइसे चलेगा?

रमेसर : तू कवन होती है फिकर करनेवाली?

अमली : हम तुम्हारी धरम की औरत हैं...बिआहता। काहे फिकर ना करें? सुनो, तुम कहो, तो हम भी माई के साथ कटनी-रोपनी करने जावें।

रमेसर : चँवर की हवा खाए को जी करता है, तो जाओ। काम का बहाना काहे?

अमली : *(परिहास के साथ)* कहिया तक लुका-छिपाके रखोगे सन्दूक में?

रमेसर : जहिया तक तू रहना चाहे।

अमली : तुम रात-दिन जान-परान हलकान करो अउर हम घर में बइठे रहें—ई हमरे बस की बात ना है।

रमेसर : अरे जहिया तक बन सके घर में रहके कनिया-बहुरिया का मान-मरजाद भोग ले। फिर तो सब धान साढ़े बाइस पसेरी।...हँसुआ-खुरपी तो नसीब में टँका ही है।

अमली : हम रोटी ले आते हैं...खाके चले जाओ।

रमेसर : हम ना जाएँगे।

अमली : बचना की बात मान गए और हमरी कवनो बिसात ना है?

रमेसर : सुन। अब सोच लिए हैं कि ई साले लुटेरों की गुलामी ना करेंगे। हफ्ता-दस दिनों की बात है। रुपिया-पइसा के जुगाड़ में लगे हैं। रेलगाड़ी का भाड़ा भर जुट जाए...फिर तो भागेगा दवन, तो पकड़ेगा कवन? सीधे कलकाता...। अपने गाँव-जवार के बहुत लोग हैं, सो जहिया तक काम-धन्धा ना मिलता है...खुराकी की फिकर ना है। कवनो काम-धन्धा मिल जाए, फिर तो हर महीने डाक बाबू से सौ टकिया नोट छुड़ाया करना।

अमली : ना जी, हमरे मन में धन-दौलत की लालसा ना है। तुम हमरे पास रहो, इहे संतोख है। बस इहे धन-दौलत है हमरे खातिर।

रमेसर : बड़ी बेहया है तू! मरद के गोड़ में बेड़ी जइसी लटकते लाज ना आती है? घर में बइठके तुम्हारी सूरत निहारते रहें और गाँव के मालिक लोगों से लात-गाली खाते रहें, तो संतोख मिलेगा तुझे!

अमली : तो हमहूँ साथ चलेंगे।

रमेसर : तू हमरे साथ चलेगी?

अमली : हूँ।

रमेसर : तेरे मगज में भूसा भरा है। हमरे साथ परदेस जाएगी, हुँह! अपना रहे-खाए का कवनो ठिकाना ना है अउर जनाना को धोती के खूँटा में बाँधके कहँवा-कहँवा डोलते फिरेंगे? नइहर चल जा।

अमली : कवन अपना बइठा है नइहर में जेकरे भरोसे जावें? ना बाप, ना भाई। अन्हरी महतारी है, सो आज-कल भई है। पट्टी-पट्टीदार कहियो अपना हुए हैं, जो नइहर में बइठाके खिलाएँगे? हमरा तो नइहर-ससुराल, सब इहे घर-आँगन है।

रमेसर : चार-पाँच महीना की बात है। जल्दी ही लवटेंगे। पहिली बार अपना छार-दुआर अउर फिर तोहके छोड़ के जा रहे हैं परदेस, सो हमरा मन भी तो ना लगेगा। जइसे-तइसे रात-दिन काटेंगे। रोजी-रोटी की बात ना होती, तो जाते भला? शौक ना है हमरे मन में परदेस घूमे का।

अमली : ना। *(रोती है)*

रमेसर : देख, जब तलक घर ना छाड़ेंगे, हाथ में दू-चार पइसा ना आएगा। सगरी जिनगी एहि गाँव में रोते-कलपते बीत जाएगी। घर छोड़ दिया, तो दू पइसा का आदमी बन जाएँगे। इज्जत-आबरू...रोब-दाब बढ़ेगा। परदेस के कमासुत का मान-मरजाद अलग होता है। *(अमली की सिसकियाँ तेज होती हैं)*...रोती काहे है? कवनो जनम भर खातिर तो ना जा रहे हैं? तू भी दू-चार जनों के बीच छाती तानके चलेगी...तेरा भी मान-मरजाद बढ़ेगा।...जब लौटेंगे फूल छाप साड़ी लाएँगे तेरे खातिर...साटन का बूटीदार बेलाउज...गमकउवा तेल लगाके बबुआइन जइसी गमकेगी तू भी।...अमली...अमली...अमली रे...।

[अमली की सिसकियाँ तीव्रतर होती हुई हिचकियों में बदल जाती हैं। रमेसर उसे चुप कराने की कोशिश करता है। अचानक बुधिया प्रवेश करती है। दोनों झटके से अलग होते हैं।]

बुधिया : रमेसरा रे! हमरे जीते जी तू परदेस ना जाएगा! माँग का सेनुर पोंछ लिया ढाका की कमाई के पीछे। तेरा बाप गया, सो आज तलक ना लौटा। अब कोख उजाड़े की हिम्मत ना है हमरे पास।

रमेसर : तू छिपके सुन रही थी का?

बुधिया : हाँ रे, हाँ।...सुन रही थी। तुम्हारा बाप भी गया था ढाका...जूट मिल में नोट छापने। बाट जोहते उमिर कट गई रहे।...तू पेट से धरती पर आया...जवान हुआ...कनिया की डोली उतर गई...पर तेरा बाप ना लवटा। ना तू कनवो देस जाएगा, ना कनिया नइहर जाएगी। तू अपनी बात पर अड़ा है, तो हमरी भी अपनी बात है। तू जहर-माहुर लाके दे दे, फिर जवन जी में आए कर।

[बुधिया रोती हुई बाहर निकल जाती है। अमली और रमेसर उसको जाते हुए देखते रहते हैं। अमली रमेसर के पास आती है।]

अमली : सुनो। मान जाओ। माई जान दे देगी।

रमेसर : समझ जाएगी धीरे-धीरे। तू फिकिर मत कर। अब तू हमरे गोड़ में फंदा मत डाल।

अमली : बचना भी जा रहा है?

रमेसर : ना।

अमली : काहे?

रमेसर : ओकरी जनाना का पाँव भारी है।...चल, रोटी दे। बाहर निकलना है...रुपिया-पइसा का जुगाड़ करना है।

[अमली और रमेसर दोनों मंच से चले जाते हैं। समाजियों पर प्रकाश तीव्र

होता है। समाजी कोई लोक धुन बजाते हैं, जो समय के अन्तराल को सम्प्रेषित करती है। धुन सिमटती है और पूरबी आलाप शैली में सूत्रधार एक गीत गाता है। इस आलाप के साथ अमली मंच पर आती है और नृत्य की धीमी गतियों के साथ भाव प्रदर्शित करती है।]

सूत्रधार : **पूरबी आलाप**

अपना झोंपड़िया में, हनि के केवड़िया
डहके रे अमली बारम्बार।
पिया घरे रहितन जे-जे कहितन।
करतीं रे सोलहो सिंगार।
घरवा-अँगनवा में मनवा लागत नइखे,
कब अइहें बलमा हमार।
गँउवा-नगरिया में लोगवा भरऽल बाटे,
तबो केहु भइल ना हमार।

[पूरबी आलाप-गीत के समाप्त होते ही समाजी तीव्र लय में झूमर गीत प्रस्तुत करते हैं। इस पर अमली तीव्र गति में नृत्य प्रस्तुत करती है।]

समाजी : **झूमर गीत**

पिया निपट नादनवा ए सजनी।
उहो गइलन कलकतवा ए सजनी॥

घर ना अँगनवा भावे,
नींदियों ना कबो आवे।
चिहुँकि-चिहुँकि जागीं,
कवनो सनेसवा आवे।
कइसे बीतिहें दिन-रातवा सजनी। पिया...
बिसरे ना साँवली सुरतिया,
कब लवटिहें पिया।
छट-पट करेजवा करे
लागे नाहिं मोरा जिया।
रोइहें तनवा में मनवा ए सजनी। पिया...
सूना-सूना मन लागे,
सूना मोर अँगनवा।
अचके सतावे पिया
मधुरी बचनवा।
इहे अमली के कथवा ए सजनी। पिया...

[नृत्य समाप्त कर अमली मंच पर बैठ जाती है।]

सूत्रधार : का हो भउजी, कवनो चिट्ठी-पतरी आई?
अमली : ना भइया।
सूत्रधार : रुपिया-पइसा?
अमली : ऊहो ना। बड़ा तंगी है। जइसे-तइसे गुजर-बसर होत है भइया।

[अमली उठती है। उस पर तीव्र प्रकाश केन्द्रित होता है। वह बिदेसिया गीत

और उस पर भाव-नृत्य प्रस्तुत करती है।]

अमली : *(भिखारी ठाकुर की मूल बिदेसिया प्रस्तुति से गीत)*
चढ़ली जवनिया बैरन भइली हमरी से
के मोरा हरिहें कलेस रे बिदेसिया?
केकरा से लिखि के मैं पतिया पठइबों से
केकरा से पठवों सनेस रे बिदेसिया?
दिनवा बीतेला सइयाँ बटिया जोहऽत तोर
रतिया बीतेला जागि-जागि रे बिदेसिया।
अमवा मोजरि गइले लगले टिकोरवा से
दिन पर दिन पियराला रे बिदेसिया।
एक दिन बहि जइहें जुलुमी बयरिया से
डार-पात जइहें भहराइ रे बिदेसिया।

[गीत समाप्त करती हुई अमली सिसकने लगती है। अचानक समाजियों के बीच से उठकर विदूषक गड़बड़िया अमली के सामने आकर खड़ा हो जाता है। वह छाती पीट-पीटकर विलाप करने लगता है। अमली उसे देखती है और मंच से बाहर निकल जाती है। गड़बड़िया की वेशभूषा निर्देशक अपनी कल्पनानुसार कुछ भी रख सकते हैं। सूत्रधार समाजियों के बीच से निकलकर बाहर आता है। सारे समाजी चकित हैं।]

सूत्रधार : का हुआ रे गड़बड़िया?...का हुआ? ससुरा, तुम्हारे कपार पर कवन आफत टूटी कि तू विलाप कर रहा है?

[गड़बड़िया कोई जवाब नहीं देता। उसका विलाप जारी रहता है।]

सूत्रधार : अरे! कुछ बोलेगा रे कि खाली सियार जइसा हुआँ-हुआँ करता रहेगा? साला बीच मझधार में राह रोककर खड़ा हो गया।

समाजी एक : एक से एक गियानी लोगों की मंडली सामने बइठी है...नाच-तमाशा चल रहा है और बीच में फेकर-फेकर के रसभंग कर दिया साले ने।

समाजी दो : *(सूत्रधार से)* ओस्ताद! मारिए दू-चार लात... तब कुकुर माफिक केंकियाते हुए भागेगा। साला ठीक बीच में अड़ंगा डाल दिया।

गड़बड़िया : सब जने तबहिंए से रो-गा रहे हो, तो हमरा खराब लगा? ना। हम कुछ बोले? ना।...हम जरा सा रो दिए तो सबको खराब लग रहा है।

समाजी एक : तो तुम काहे रो रहा है?

गड़बड़िया : तुम सब काहे रो रहा है? परदेस गया अमली का मरद और छाती तुम्हारी फट रही है? हमरी मेहरारू नइहर भाग गई, तो हम ना रोवें? *(दर्शकों से)* बोलिए भाई...आप ही लोग विचारिए. ..।

समाजी दो : भाग साला!...भाग। अरे! तुम्हरे जइसा मरद की मेहरारू भागेगी ना तो दुआरी पर खड़ा होके आरती उतारेगी?

[गड़बड़िया भागता है। समाजियों के बीच जाकर बैठ जाता है।]

समाजी एक : आगे भाई? आगे का किस्सा?

सूत्रधार : *(दर्शकों से)* छिमा! छिमा करें देवता सरूप दरसक लोग...छिमा करें। ई साला गड़बड़िया हर नाच-तमासा में गड़बड़ मचाता है, पर है टुअर-टापर... बिना बाप-महतारी का, सो साथ लिये फिरते हैं।...तो भाई-बहिनी लोग!...आगे का किस्सा, अइसा किस्सा...जो गाँव के हर गरीब-लाचार की जिनगी का हिस्सा है। मनरौली गाँव में सिरफ टू टोला...।

समाजी दो : कवन-कवन टोला?

सूत्रधार : बाबूटोला...

समाजी दो : दूसर?

सूत्रधार : ...पठानटोला।

समाजी एक : बाकी टोला सब का है? पटरी है?

समाजी दो : बाकी में आदमी ना जानवर बसते हैं?

सूत्रधार : हाँ भाई! आदमी के भेख में जानवर रहते हैं। एक टोला के मालिक–बाबू महादेव राय...

समाजी एक : दूसर टोला के?

सूत्रधार : अबरार खाँ।...दूनोजन के बीच साँड़-भैंसे की दुसमनी। एक हुँकारे, तो दूसरा फुफकारे।

समाजी : *(समवेत स्वर में)* बीच में फँसी है सगरे गाँव की जान साँसत में।

सूत्रधार : **पूरबी आलाप**

विधाता, अब ना ई दुखवा सहाता,
रात-दिन सहत-सहत जिया अकुलाता।
जिनगी के कुफुत से कुछो ना सोहाता,
चुल्हवा बुताइल बा करजा खोजाता।

समाजी दो : करजा दे-दे दूनों जन घर भरते हैं।

समाजी तीन : कोठी का कँगूरा हर रोज ऊपर उठता है।

समाजी एक : दूनों के घर की बेटी-बहुरिया की देह में सोना मढ़ाता है।

समाजी दो : सूद के घोड़ा पर चढ़के दूनों जन गाँव भर की छाती रउँदते हैं।

सूत्रधार : तो पहिले कहँवा चलें भाई?

समाजी तीन : मन करे जहँवा चल भाई।

सूत्रधार : तो चल भाई, बाबू साहब के घर पहिले चल।

[सूत्रधार नृत्य करते हुए समाजियों में आकर मिल जाता है। मंच के एक भाग में प्रकाश उभरता है। बाबू महादेव राय अपने नौकर किसुन से देह दबवाते हुए दिखते हैं।]

महादेव राय : का रे किसुनवा, बाँह में जोर ना है का? पुलुर-पुलुर किए जा रहा है तब से। जोर लगा के दाब...जोर लगा के।

किसुन : मलिकार, मिजाज हार गया है।

महादेव राय : देहचोर चोर साला, ढाई सेर का भात, दस जोड़ा रोटी एक बइठकी में ठूस लेता है अउर गोड़ दबाने में मिजाज हार गया। ससुरा तुमको कवनो दिन खम्भा में बाँधके जुतियाएँगे, तब सुधरेगा तू।

किसुन : ना मलिकार, काबू-बूतावाले काम में देह ना खींचते हैं, बस ई महीन काम हमरा से पार ना लगता है।

महादेव राय : चोप्प साला! रात भर मेहरी का गोड़ दाबता होगा और हमरे सामने महीनी बतिया रहा है।

किसुन : *(दाँत निपोरते हुए)* मलिकार।

महादेव राय : किसुनवा!

किसुन : जी मलिकार।

महादेव राय : रमेसरा बहू का नाम का है रे?

किसुन : अमली।

महादेव राय : हूँ! अमली! रमेसरा साला गया तब से ओकरे घर से कवनो काम-धन्धा में ना आती है!...ना ओकरी महतारी, ना ओकरी मेहरारू!

किसुन : रमेसरा की महतारी तो खटिया पर पड़ी है मलिकार। महीना दिन से जर-बुखार है। सूख के ठठरी हो गई है।

महादेव राय : रमेसरा की मेहरारू?...अमली? इहे नाम है न रे?

किसुन : हाँ मलिकार।

महादेव राय : तो अमली भी ना आती है!...हाथ-गोड़ में महावर लगाके सूतल रहती है का?

किसुन : ना मलिकार, पठानटोला में बनिहारी करे जाती है।

महादेव राय : *(स्वगत)* हूँ!...तो पठानटोला का चस्का लग गया! *(किसुन से)* काहे रे? ओकरे घर का आल-औलाद हमरे दुआर पर माथा नवाया... हमरा जन-मजूर है सब!...ई पठानटोला का चस्का कइसे लगा रे?

किसुन : अब हम का जाने मलिकार! *(कुटिलता के साथ)* जवान जनाना, ऊपर से मरद बिदेसिया हो गया।...घास चरे जाती होगी मलिकार। *(हँसता है)*...आज मिली थी।...रो-कलप रही थी कि सास खटिया पर पड़ी है...दवा-दारू खातिर पइसा ना है।...तो हम बोले कि मलिकार के दुआर पर जाके रोओ-कलपो...दया करेंगे।...तो बोली कि आज...

महादेव राय : हूँ!

किसुन : साँच बोल रहे हैं मलिकार।

महादेव राय : ससुरा, एतनी देर से तुम पेट में बात छुपाया काहे था रे? काहे रे? तब से फेंट रहे हैं और अब मुँह खोल रहा है?

किसुन : ना मलिकार, हम तो डर के मारे ना बोले। सोचे कि मालिक बिगड़ेंगे कि सबको

समझा-बुझाके करजा के खातिर दुआर पर भेज देता है।

महादेव राय : तू तो बड़ा अकिलवाला हो गया रे?

किसुन : मलिकार! *(दाँत निपोरते हुए हँसता है)*

महादेव राय : खबर साँच है न रे?

किसुन : हाँ मलिकार!

[महादेव राय और किसुन पर प्रकाश धीमा होता है और दोनों स्थिर हो जाते हैं। समाजी विरहा शैली में एक गीत आरंभ करते हैं। गीत के मुखर होते ही मंच के दूसरे भाग में धीमा प्रकाशवृत्त उभरता है। इस प्रकाशवृत्त में अमली घूमती रहती है, जैसे राह चलती हुई कहीं जा रही हो।]

समाजी : **विरहा**

पिया के कारनवा, पिया के कारनवा हो राम,
दुखित बाटे रे मनवा।
कवमे कारनवा ना मनलऽ कहनवा हो राम,
दुखित बाटे रे मनवा।
कुसुमी ओढ़निया, लाली मोर चुनरिया हो राम,
बनलऽ बाटे रे लुगरिया।
तोहरा दुअरिया, हमरी जिनगिया हो राम,
बनलऽ बाटे रे मोटरिया।
कवने सवतिया, तोहरी सेजरिया हो राम,

दुखितऽ बाटे रे मनवा।
रोवत नयनवा, छलकत सपनवा हो राम,
दुखितऽ बाटे रे मनवा।

[अमली पर प्रकाश तीव्र होता है और अचानक गड़बड़िया उसका रास्ता रोककर खड़ा हो जाता है।]

गड़बड़िया : का हो भउजी, कवनो चिट्ठी-पतरी आई?

अमली : ना भइया।

गड़बड़िया : रुपिया-पइसा?

अमली : ना। बहुत तंगी है। सास की बीमारी अलग।

गड़बड़िया : ई तो बहुत बड़का चक्कर है। हमरी एक बात मानो। बुढ़िया को जहर-माहुर देके रास्ता साफ करो...दूसर बात ई कि अइसे जिनगी ना कटेगी। कवनो आदमी का हाथ पकड़ लो। *(चुहल करते हुए)*... हमहूँ तो देवर हैं!

अमली : काहे हँसी-ठट्ठा करते हो? अपना रास्ता जाओ चुपचाप।

गड़बड़िया : हम तो हँसी किए और तुम बुरा मान गयी। एक बात बोलें? कहियो सोची हो कि एतनी लमहर जिनगी कइसे कटेगी? ना खेत-बधार, ना घर में मरद-मानुस! गाँव में एकहु आदमी हित है? बोलो? जून पड़े पर कवन देगा दू-चार पइसा हाथ में?

अमली : का करें भइया! एहि फिकर में हैं। जा रहे हैं बाबूसाहब के दुआर पर कि कुछ रुपिया-पइसा मिल जाए तो सास खातिर दवा का जुगाड़ करें।

गड़बड़िया : जाओ, दूसर कवन रास्ता है? करजा, ओकरे बाद गुलामी...जिनगी भर की गुलामी।

[गड़बड़िया समाजियों के बीच जाकर बैठ जाता है। प्रकाश पूर्ववत् धीमा होता है और अमली घूमती रहती है। समाजी फिर विरहा गाते हैं।]

समाजी : **विरहा**

पिया के कारनवा, पिया के कारनवा हो राम,
दुखितऽ बाटे रे मनवा।
अमली तऽ भटके, अमली तऽ भटके हो राम
बनिके रे जोगिनिया।
अमली तऽ चलली, अमली तऽ चलली हो राम,
बाघवा के मुँहवा।

[मंच पर प्रकाश फैलता है। अमली और महादेव राय आमने-सामने हैं। किसुन पूर्ववत् देह दबा रहा है।]

महादेव राय : किसुनवा! ई कवन है रे?

किसुन : अमली है सरकार। रमेसरा की जनाना।

महादेव राय : का रे किसुनवा! अरे! एकर रास्ता कइसे भुला गया रे? हम तो सुने थे कि रमेसरा और ओकरी

महतारी, दूनों एकरा सगरे गाँव से लुका-छिपा के सन्दूक में रखते हैं!

किसुन : ना मलिकार! जन-मजूर का जनाना कहिया तब लुक-छिप के रहेगी? ऊ भी मालिक-मलिकार लोगन से! अब तो बनिहारी करे खेत-बधार में जाती है।

महादेव राय : हूँ! अच्छा, तू जा। जाके झबरहवा पीपलवाले खेत में अब हाथ लगा दे। खेत तइयार कर। दू-चार दिन में रोपनी का काम लगवाएँगे। जा।

[किसुन उठता है। महादेव राय को सलाम करता है। अमली को चोर-नज़र से देखते हुए चला जाता है।]

महादेव राय : का रे? हियाँ आव। एतनी दूर काहे खड़ी है? *(अमली वहीं रहती है)* का रे? लग्गी से घास खिलावे से माल-मवेसी का पेट भरता है? कोस भर दूर से ही बतियावेगी का? चल...हियाँ आव। *(अमली करीब जाती है)* काहे रे, सुने हैं कि टेंगुरा पर चलती है तू। पूरा पाँव ही नहीं रखती धरती पर। तू ही बिआहुत कनिया बनके ई गाँव में आई है कि और जनाना सब भी आई थी कहियो?

अमली : मलिकार, हमसे कवनो भूल-चूक भई का?

महादेव राय : ना रे! भूल-चूक तो हमसे भई कि ससुरी तुम्हरे खानदान भर के पेट में अनाज ठूँसते रहे... जिला के खड़ा किए रहे।

अमली : मलिकार!

महादेव राय : मलिकार का मोल कहँवा रहा अब? रमेसरा का बाप-दादा हमरा जन-मजूर था। तेरा ससुर जवानी में ढाका भाग गया तो हमरे घर का जूठन चाट के तेरा मरद जवान हुआ और वोहि जवानी के बल पर सगरे गाँव में छाती फुलाए घूमता था। तुम्हरी सास हमरी डेवढ़ी पर...हमरे बाप-चाचा के ठेहुना पर नाक रगड़ती थी। तेरा मरद कमीनजात साला अँगूठा दिखा के भाग गया। कवन गुमान पर? बिना बताए, बिना पूछे...साला ठीक खेती-बाड़ी के जून पर गाँव छोड़ के चला गया। जमाना पहिले का रुपया-पइसा का हिसाब धरा है।...ऊ कवन चुकाएगा? वोहिजा जा के लाटसाहेब की नौकरी मिल गई ससुरे को?

अमली : उनका तो कवनो पता-ठिकाना ना है मलिकार! गए, ओकरे बाद पहुँचता की चिट्ठी आई थी। बस। ऊ में भी कुछो साफ-साफ ना लिखा था। ओकरे बाद कवनो खोज-खबर ना है।

महादेव राय : लबर-लबर मत बोल। हमहूँ गाँव में ही रहते हैं। कवनो बात छुपती है भला! हम तो सुने कि मनीऑर्डर आया था—दस ठो सौटकिया।

अमली : झूठ बात है सरकार। देह किरिया, साफ झूठ है। गए तब से एक पइसा की आवग घर में ना

हुई। हमको तो उनकी जिनगी की फिकर लगी है। का जाने कइसे हैं! कहँवा खाते-पकाते और कहँवा रहते हैं! बड़का मुलुक है कलकाता। जाने कवन हाल में होवेंगे! हियाँ भी जिनगी दूभर हो गई है। महीना लगा, सास खटिया पर पड़ी है। खेती-बाड़ी भी तो कुछो ना है। मेहनत-मजूरी और मालिक लोग का भरोसा है सिरफ।

महादेव राय : मालिक का भरोसा बेकार है।

अमली : देह से खटके दू जून की रोटी का जुगाड़ तो कवनो तरह हो जाए, पर दवा-दारू खातिर कवन जुगाड़ करें मलिकार? एक तो परदेस में आदमी की फिकर और दूसरे हियाँ...

महादेव राय : *(बात काटते हुए)* तो हम का करें? बोल? हम माथ पर सतुआ की मोटरी लेके कलकाता जाएँ तुम्हरे मरद को खोजने? जब मरद को चढ़ा-बढ़ाके साहेब बने खातिर भेजी, तब अँखिया पर चरबी चढ़ी थी कि दिमाग की नस फूल गई थी?

अमली : हम का करते मलिकार? नया-नोचर कनिया-बहुरिया का कवन अधिकार? माई भी मना करती रही। हम हाथ जोड़े, गोड़ पर गिरे, पर एक ना सुनी हमरी। बचना के सिखावे-पढ़ावे में पड़के घर छोड़ दिया।

महादेव राय : तो जाके बचना से बोल। चाउर-गेहूँ की डेहरी-बखरी खोल देगा। नोट छाप के देगा। हम

तो सुने कि बचना कहते फिर रहा है सगरे गाँव में कि रमेसरा बहू का जिम्मा हमरे कपार पर है। रमेसरा हमरा संगतिया था सो...। का रे, ई साँच बात है का?

अमली : मलिकार, ई पाप करे से पहिले हमरा कोढ़ फूटेगा।

महादेव राय : ना रे। एतनी सुन्नर देह में कोढ़ काहे फूटेगा! हम तो जवन सुने, सो पूछ रहे हैं। बचना साला एक नम्बरी कमीनजात है। हम तो पहिले ही बोले थे कि ई साला बचना रमेसरा को बरबाद करके छोड़ेगा...ओकरी जिनगी बिगाड़ के धर देगा, सो साँच हुआ।

अमली : मलिकार। हमरा कुछ रुपिया-पइसा का दरकार है। एक पइसा हाथ में ना है। कपड़ा-लत्ता भी फाट रहा है...माई की दवाई खातिर भी...।

महादेव राय : देख भाई, कमी कवनो चीज की ना है। तू अपने गाँव की जनाना है। आफत-बिपत में फँसी है, तो उबारना हमरा धरम है।...पर कवनो आदमी, कवनो काम बिना आगा-पीछा देखे-सोचे थोड़े ही करता है। तू पठानटोला में बनिहारी करे...।

अमली : ना मालिक। सिरफ एक दिन।...सिरफ एक दिन जोर-जबरदस्ती से ले गए। हम अपना मन से ना गए...

महादेव राय : हम मना ना करते हैं, पर...

अमली : बिपत की घड़ी है मलिकार। आप सहारा नां देवेंगे, तो कवन सहारा बनेगा?

महादेव राय : *(सोचते हुए)* केतना रुपिया चाहिए?

अमली : पचास रुपिया मालिक।

[अमली गले से चाँदी की हँसुली निकालकर महादेव राय के पैरों पर रख देती है।]

महादेव राय : ई का है रे?...हँसुली!

अमली : हमारे पास तो अबहीं दूसर कुछो ना है। जब ऊ रुपिया-पइसा भेजेंगे, तो सधान-पटान करके छुड़ा ले जाएँगे। गरीब आदमी है मलिकार... और कुछो ना है।

महादेव राय : ले, रख ले। हँसुली पहिन ले। एतना अविसवासी ना है, ना कवनो कसाई हैं! समझी? बहुत मौका आएगा। कहियो सधान-पटान कर देना। *(अर्थभरी मुस्कान के साथ जेब से रुपए निकालकर देता है)*...ले बीस रुपिया। बाकी साँझ को ले जाना। अबहीं पास में ना है। *(हँसुली और रुपया हाथ में लेकर अमली फूट-फूटकर रोने लगती है)* रोती काहे है रे? जा फिकर मत कर। रमेसरा का भी पता लगवाएँगे। बहुत जन गाँव-जवार के वोहिजा हैं—कवनो से खोजवाएँगे। *(रोती हुई अमली सिर झुकाकर चली जाती है। प्रकाश सिमटकर*

केवल महादेव राय पर केन्द्रित होता है) अब ठीहा पर चढ़ी है हरामजादी। जिबह करेंगे, तब पता चलेगा!

[प्रकाश बुझता है। समाजियों के बीच से निकलकर सूत्रधार मंच पर आता है और नृत्य करते हुए झूमर गाता है। समाजी भी साथ देते हैं।]

सूत्रधार : **कजरी झूमर**

पिया के टूटि गइल आस,
लागल गरदन फाँस।
केहु नाहिं पूछनिहार एहि गँउवा में।
भइल अमली लाचार,
गइल बाबू के दुआर। केहु...
पहिले गारी से बतियवले
तब पइसा धरवले। केहु...
सभे जन-बनिहार,
रोवे-रोवे जार-जार। केहु...

[समाजियों के बीच से अचानक उठकर गड़बड़िया मंच पर आता है। संगीत रुक जाता है।]

गड़बड़िया : ओस्ताद! हमहूँ एक ठों गीत गाएँगे।

सूत्रधार : तुम गाएगा? तुम...गीत गाएगा? तुम साला हर बार गड़बड़ मचाता है।

गड़बड़िया : सब लोग एतनी देर से फेकर रहे हो...सियार जइसन हुआँ-हुआँ कर रहे हो तो कुछो ना...और हम एक ठो गीत गाने को कहते हैं तो गड़बड़ हो गया। हम तो गाएँगे...गाएँगे...गाएँगे।

सूत्रधार : *(खीझकर)* अच्छा, गाओ।

[सूत्रधार हट जाता है। सारे समाजी वाद्यों को बजाना बन्द कर देते हैं। गड़बड़िया खखारते हुए गला साफ करता है। गाने की हास्यास्पद मुद्राएँ बनाता है। सुर लगाता है। बेसुरी आवाज में गाता है।]

गड़बड़िया : *ठीहवा पर बकरी चढ़ गइली ना।*
छूरी से गरदनवा रेतइहन ना।
बकरी के बाघवा चबइहन ना।
एह तमासावा में मजवा अइहन ना।

सूत्रधार : चोप्प साला! *(मारता है)* जब बोलेगा, बिना मतलब की बात बोलेगा। *(गड़बड़िया भागता है)* भाई-बहिनी लोग! हम गड़बड़िया को मारके भगा दिए...पर अबकी साँच बात बोला था। एकदम साँच। अब तो ठीहवा पर बकरी चढ़ गइलीना...।

[सूत्रधार झूमर गाता है। भाव-नृत्य करता है। हर पंक्ति के बाद समाजी 'काँपे अमली के छतिया' की आवृत्ति करते

हैं। इस गीत में सूत्रधार और समाजियों की आवाज तीव्र से तीव्रतर होती ज़ाती है।]

सूत्रधार : **झूमर**

पियवा भेजे नाहिं पतिया।
काँपे अमली के छतिया।
बाट जोहे दिन रतिया। काँपे...
ना बिसरे पिया की सूरतिया। काँपे...
सुनि के लोगवा के बतिया। काँपे...
पागल भइल ओकर मतिया। काँपे...
लोग लगवले बाटे घतिया। काँपे...
कइसे बाँची अब सतिया। काँपे...
अब होई कवन गतिया। काँपे...
ना बाँची बलमू के थतिया। काँपे...

[प्रकाश अचानक रात के नीले प्रकाश में बदल जाता है। अमली चिन्तातुर बैठी है। महादेव राय प्रवेश करते हैं। संगीत आरोह पर ही अचानक रुक जाता है।]

अमली : मलिकार! *(आश्चर्य मिश्रित भय से)* एतनी रात बीते!

महादेव राय : का रे तुम्हरे अँगना में आए हैं और तू बइठे को भी ना बोलगी?...एतनी रात में हमको हियाँ देखके अचकचा गई का?

अमली : मलिकार!

महादेव राय : जून का बून और कुजून का घड़ा! का रे ई किस्सा सुनी है कि ना? जून पर कवनो आदमी एक पइसा हथेली पर धर देवे, तो आदमी जिनगी भर ओकर एहसान मानता है।...पर बिना मौके, फुजून कवनो आदमी लाख-करोड़ भी दे दे, तो माटी-ठीकरा से भी गया-गुजरा।

अमली : मालिक, अपने का एहसान तो हमरे ऊपर जिनगी भर का है। ई एहसान कहियो ना बिसरेगा।

महादेव राय : एहसान तो तू बिसार चुकी रे। एतनी जल्दी बिसार दिया कि हम सोचे भी ना थे। कुकुर भी मालिक के दुआर पर रोटी का टुकड़ा खाता है, तो पूँछ हिला के घूमता-फिरता है पीछे-पीछे... और तू आदमी होके...।

अमली : कवनो भूल-चूक भई का मलिकार?

महादेव राय : एक भूल हो, तब तो बताएँ। तू तो आँख का सगरे पानी पी गई रे! मलिकार-मलिकार कहती है, पर मलिकार की जुबान का मान न रखा तूने!

अमली : मलिकार!

महादेव राय : तू ऊ रोज दिन में बीस...फिर साँझ को तीस रुपिया ले आई। ओकरे बाद तुम्हारी परछाँही भी देखने को ना मिली। का रे?...तुम्हारे बाप-दादा की कमाई थी। कि तुम्हारा भतार कमा के रख गया था हमरे सिरहाने, जो हाथ

पसार के माँग ले आई? आँय? बोल?...बोलती काहे ना है रे? ओकरे बाद तू एक बार भी दुआर पर झाँकने आई?

अमली : हम तो अपने के खेते में ही मजूरी कर रहे हैं सरकार।

महादेव राय : तो हम का तुम्हरे पीछे-पीछे खेत-बधार में धोती का पिछुवा खोला के घूमते फिरें? हम कहियो तोहके खास टैम पर बुलाए थे कि ना? बोल! बोलती काहे ना है तू? आई तू?

अमली : मालिक! एतनी रात में आप हमरे अँगना में आए हैं, गाँव के लोग का कहेंगे? आप हियाँ से चल जाएँ सरकार। हमरी आबरू भी बिगड़ेगी और आपका मान-मरजाद भी। लोग दस बात बोलेंगे।

महादेव राय : हमरे मान-मरजाद की फिकर छोड़ तू। एहि गाँव में कवनो ना जनमा है जो जीभ हिलावे। पहिले ई बता, तू कहिया से आबरूवाली हो गई? एतनी भारी इज्जत कहिया से हो गई तुम्हारी? बचना के साथ रास रचाती है, तो इज्जत-आबरू का डर ना लगता है?

अमली : मालिक, हम गोड़ पर गिरते हैं। झूठ बात हमरे माथे पर थोप के हमरा धरम मत बिगाड़िए।

महादेव राय : हियाँ हमरे आवे से तुम्हारी इज्जत बढ़ेगी रे, घटेगी ना। एकरे बाद दुनिया की सगरी तकलीफ से जान छूट जाएगी तुम्हारी। बुढ़िया की फिकर में नाहक जान हलकान कर रही है।

मरे दे ससुरी को। रमेसरा तो अब हियाँ लवटके आवे से रहा! वोहिजा जाके मर-खप गया कि कवनो बंगालिन के अँचरा में लुका गया—कवन जाने!

अमली : ना मलिकार। *(रोती है)*

महादेव राय : कौड़ी के मोल भी ना बिकेगी रे! जहिया चाहेंगे, ससुरी तुम्हारा घर-दुआर उजाड़ के फूँक देंगे,...लँगटिया के गाँव से बाहर कर देंगे।

अमली : मलिकार! का है हमरे पास? ई देह और एकरी इज्जत! बस! और का है हमरे पास? सास आज-बिहान भई है।...मरद डोली उतार के बीच मझधार में छोड़ गया। गाँव के मालिक-मलिकार रच्छा ना करेंगे, तो कवन करेगा? आप ही की नीयत...

महादेव राय : चोप्प हरामजादी! पसारती है? जाके सास से पूछ। हमरे बाप-चाचा के ठेहुना पर नाक रगड़-रगड़ के जवानी बीती है ओकरी।

अमली : गरीब औरत को सताके का मिलेगा आपको? हमरी आबरू-बिगाड़ के का मिलेगा आपको? अपने खातिर तो खेल है ई सब, पर हम सगरे गाँव-जवार को कइसे अपना मुँह दिखाएँगे? लवटके आएगा हमरा मरद, तो कवन मुँह लेके जाएँगे ओकरे सामने?

महादेव राय : कवन लवटके आएगा?...रमेसरा? ऊ साले कमीनजात को तुम्हारी फिकर होती कलकाता भाग जाता? वोहिजा जाके आँख मून लेता?

लवटके आएगा भी तो का फरक पड़ता है? ओकरी छाती में एतनी ताकत ना है कि हमरे सामने आँख उठाके देखे।

[महादेव राय आगे बढ़कर अमली को पकड़ना चाहता है।]

अमली : चाहे हमरी जान चली जाए, पर हम अपना नेत-धरम ना बिगाड़ेंगे। हम जान दे देंगे...। *(भागना चाहती है।)*

महादेव राय : चोप्प हरामजादी!

[अमली को महादेव राय पकड़ लेता है। खींचते हुए मंच से बाहर ले जाता है। गड़बड़िया मंच पर भागते हुए प्रवेश करता है।]

गड़बड़िया : *(दर्शकों और समाजियों से)* खूब नाचो-गाओ सब लोग बाप रे बाप! दादा रे दादा! डाका पड़ गया रे भाई!

सूत्रधार : *(प्रवेश करते हुए)* का हुआ रे?

गड़बड़िया : अमली की इज्जत पर डाका पड़ गया रे! हम तो पहिले ही बोले थे कि बघवा बकरी को चबाएगा, तो तुम लोग लतिया दिया हमको। अब का होगा हे भगवान!

समाजी एक : बघवा चबवलस बकरी के कान।

समाजी दो : खूब देखवलस कसइया सान।

समाजी तीन : सरम से मुवले जोन्ही-चान।

सूत्रधार : सगरे गाँव सूतल बा चदरा तान।

गड़बड़िया : *(उपहास करते हुए)* नाचो-गाओ-कचरो मगही पान।

सूत्रधार : चोप्प साला।

[सूत्रधार गड़बड़िया को मारकर भगाता है और मंच पर नृत्य करते हुए सोरठी गीत प्रस्तुत करता है। समाजी उसका साथ देते हैं।]

सूत्रधार : **सोरठी**

रामा हो रामा, राम जिनके नामवा हो,
ऊहो छुपेले कवन ओर नू हो राम।
रामा हो रामा, राम जिनके नामवा हो,
जियरा करे निकलित परान नू हो राम।
रामा हो रामा, राम जिनके नामवा हो,
बाँचल का लुटि गइले जब मान नू हो राम।
रामा हो रामा, राम जिनके नामवा हो,
अब कइसे बाँची अमली के जान नू हो राम।

[नृत्य करते हुए सूत्रधार समाजियों के बीच जाकर बैठ जाता है। सहमी हुई अमली मंच पर आती है। गड़बड़िया दूसरी ओर से चार-पाँच ग्रामीणों के साथ प्रवेश करता है और अमली को घेर लेता है।]

गड़बड़िया : का हो भउजी, का हाल है? मरद को परदेस पठाके खूब मउज-मजा कर रही हो। सोची थी कि परदेस से नोट छापके भेजेगा, तो हियाँ मजा करोगी।...अब खूब मउज उड़ाओ। पहिनो फूलछाप साड़ी, साटन का बूटीदार बेलाउज, लगाओ गमकउवा तेल...चहकत फिरो सगरे गाँव में।

[सब ठहाका लगाते हुए चले जाते हैं। आहत अमली मंच पर छूट जाती है। वह भाव के साथ बिदेसिया शैली में विलाप-गीत प्रस्तुत करती है।]

अमली : **बिदेसिया विलाप-गीत**

पुरुवा बहे रामा, पछुवा बहेला कि
नयना से बहे मोरा नीर रे बिदेसिया।
भूखवा से तन सूखल, दुखवा से मन मुअल
फाटि गइले देहिया के चीर रे बिदेसिया।
डोलिया उतारि मोरा छोड़ले अँगनवा से
अपने तू गइले पूरब देस रे बिदेसिया।
केहु मोरा तन लूटे, केहु मोरा धन लूटे
कवन मुँहवा तोहके देखाइब रे बिदेसिया?
कहँवा जाईं पिया के लगाई पार नइया?
गँउवा में केहु नाहि हित रे बिदेसिया।

[अमली के सुर में सुर मिलाते हुए, उसके विलाप का उपहास करता

गड़बड़िया गाते हुए प्रवेश करता है। अमली पहले उसे सुनती है और फिर रोती हुई चली जाती है।]

गड़बड़िया : *कहें नाटककार सुलभ अमली से जाके मिलऽ*
अमली भुलाइल कवना डेहरी बिदेसिया।
चलनी से चलनी कि सूपऽ से फटकनी
तब जाके अमली भेंटाइल रे बिदेसिया।

[गड़बड़िया विचित्र भंगिमाओं में उछलता-कूदता और मंच से बाहर निकलता है। मंच के एक भाग में प्रकाश होता है। अबरार खाँ बैठे हुक्का पी रहे हैं। गड़बड़िया पुनः आल्हा की लय में गाते और उछलते-कूदते हुए दूसरी ओर से मंच पर प्रवेश करता है।]

गड़बड़िया : *दे ढोलक पर ताल*
बजावऽ झाल
नाचऽ तिरछी चाल।
सूखा पड़ल
आइल अकाल
घर में भरऽ माल।

अबरार खाँ : कवन है रे? कवन नाटक-नौटंकी करते चल रहा है?

गड़बड़िया : हम हैं हुजूर, गड़बड़िया।

अबरार खाँ : हरामजादा, शरीफ लोगों के टोला में नाच-पाटी का गाना गाता है?

गड़बड़िया : ना हुजूर, आप ही के गुन गा रहे हैं।

अबरार खाँ : हमार कवन गुन रे?

गड़बड़िया : *(पास आकर)* हुजूर! सूखा पड़ गया। खेत में दरार फटि गई। जवन खेत में था सो खेत में ही स्वाहा। अब तो अकाले-अकाल है। खोल के डेहरी-बखरी अनाज बेचिए...लिखवाइए खेत...तह-पर-तह लगाके नोट रखिए सन्दूक में।

अबरार खाँ : कवनो है रे? पकड़ तो साले को। हरामजादा, बान्ह के जूता से मारेंगे कि कपार का गुद्दा छितरा जाएगा।

[गड़बड़िया गिरते-पड़ते भागता है। मुंशीजी का प्रवेश।]

मुंशीजी : का हो खाँ साहेब, का भोरे-भारे घर-दुआर कपार पर उठाए हुए हो? काहे गरज-बरस रहे हो?

अबरार खाँ : आदाब भाई!

मुंशीजी : आदाब भाई, आदाब! का हुआ? कवन था?

अबरार खाँ : अब का बतावें! गाँव भर का नान्ह-जात ससुरा सब कपार पर चढ़के हग-मूत रहा है।

मुंशीजी : मगज ठंडा रखो भाई। जमाना बदल रहा है। अब ऊ दिन दूर ना है, जहिया से ई लोगन की चलती चलेगी गाँव में।

अबरार खाँ : ऊ दिन देखे वास्ते हम तो जिन्दा ना रहेंगे एहि गाँव में। हमरे जीते-जी तो ना होगा ई सब। हम तो फूँक देंगे सगरे गाँव...फिर आग लगा देंगे अपने घर में भी, पर ई जमाना देखे वास्ते जिन्दा ना रहेंगे भाई।

मुंशीजी : का हो अबरार...एतनी जल्दी हिम्मत हार गए? अबहीं तो जिनगी का सब खेल-तमाशा बचा है।

अबरार खाँ : कवन खेल-तमाशा बचा है? तुम्हारे संगतिया तो सब खेल खेल ही रहे हैं।

मुंशीजी : कवन? महादेव?

अबरार खाँ : हूँ! दूसर कवन! उनके चलते सगरे गाँव बिगड़ रहा है। ना अपनी इज्जत-आबरू की कवनो फिकर है, ना दूसरे की। बुढ़ापा आ गया, पर जहँवा-तहँवा मुँह मारते फिर रहे हैं।

मुंशीजी : का हुआ?

अबरार खाँ : का ना हुआ? अरे पूछो का ना हुआ?

मुंशीजी : हम तो गाँव में थे ना। रात लवटे हैं।

अबरार खाँ : हूँ। सुने रहे कि मंगल परसाद साथे पटना में जमे हो।

मुंशीजी : भतीजवा खातिर। बी.ए. पास करके घर में बइठा है। सोचे कि कवनो जगह धरा दें। कायथ का बेटा है...खेती-बाड़ी तो पार लगेगी ना।

अबरार खाँ : का हुआ, काम बना?

मुंशीजी : बताएँगे बाद में। पहिले बोलो कि हियाँ का हुआ?

[दोनों एक-दूसरे के निकट होते हैं, तब तक बुझावन और उसका बेटा प्रवेश करते हैं।]

दोनों : परनाम मालिक!

अबरार खाँ : का रे, का बात है? दूनों बाप-बेटा कहँवा चले हो?

बुझावन : अपने ही के पास सरकार। बड़की मुसीबत में पड़े हैं। *(बेटे की ओर संकेत करते हुए)* एकरी जनाना की हालत खराब है।

अबरार खाँ : अरे! त हम का करें! हम कवनो हकीम हैं?

बुझावन : मालिक हैं हुजूर! घर में एक दाना अनाज ना है। सगरी फसल खेत में ठाढ़े जर गई। करजा करके खाद-बीया डाले थे। सब जर-धनक के राख हो गया मालिक। कवनो जगह मजूरी भी ना मिल रही है।

मुंशीजी : अरे हियाँ का सदाबरत चल रहा है?

अबरार खाँ : हमरो खेत-बधार का तो इहे हाल है। तुम्हारी दू-चार कट्टा फसल गई...तो हमरी पचास-सौ बीघा गई। बोल, नुकसान केकर जियादा हुआ? तोर कि हमार?

बुझावन : हुजूर के कवन कमी है। सब भरल है सरकार। अपने की मरजी से...अपने की दया से गाँव के गरीब-गुरबा की जान बचेगी सरकार। दू-चार

पसेरी अनाज...सौ ठो रुपिया दरकार है।...दूसर कहँवा जाएँ?

बुझावन का बेटा : अगिला फसल में चुका देंगे।

अबरार खाँ : बड़ा टैट बोल रहा है रे! हम करजा का धंधा ना करते हैं। जा, दूसर महाजन खोज ले।

बुझावन : *(पैर पकड़ लेता है)* मलिकार, एकरा अकिल ना है। ई का जाने मालिक से बेवहार!

मुंशीजी : तोर गइया का हुई रे? दूध तो करती थी। सुने रहे कि बछड़ा दी है।

बुझावन : है सरकार, पर ठीक से दूध ना उतार रही है। खल्ली-खुद्दी मिले तब तो दूध उतरे। अपने पेट पर आफत है, माल-मवेसी को का खिलाएँ?

मुंशीजी : गऊ हतिया करेगा का रे? अरे जब नाँद में चारा डाले की औकात ना है तो खूँटा से बान्ह के काहे रखा है?

अबरार खाँ : एक काम करेगा? हियाँ, हमरे दुआर पर बान्ह जा। हियाँ रहेगी, ठीक से खाएगी, तो दूध भी उतारेगी। तुम्हारे पास तो डकर-डकर के जान दे देगी रे। जब हालत सुधर जाए तुम्हरी, तो ले जाना खोलके।...रमजनिया!...रमजनिया रे! *(बाप-बेटा दोनों एक-दूसरे को विवश आँखों से देखते हैं। समाजियों के बीच से आवाज आती है—जी मालिक!)* बुझवना को चार पसेरी करंगा धान तौल दे। पिछुवारी वाली बखरी से निकालेगा रे। *(बुझावन से)* जाओ, धान ले

लो,...पइसा ले जाना साँझ में। अबहीं पास में ना है।

[बुझावन और उसका बेटा चले जाते हैं।]

मुंशीजी : का जी अबरार, बड़का लम्हार हाथ मारे तुम!

अबरार खाँ : हम तो पहिले सोचिए ना पाए थे। तुम्हारी बात का मतलब समझे तब...। साँझ को आदमी भेज देना। दूध भिजवा देंगे।

[दोनों हँसते हैं।]

मुंशीजी : ऊ महादेव का कवन किस्सा बता रहे थे तुम?

अबरार खाँ : हाँ। सुनो। बताते हैं।

[अबरार खाँ और मुंशीजी मंच के एक कोने में जाकर कानाफूसी करते हैं। दोनों बातचीत करने का हाव-भाव प्रदर्शित करते हैं। इस बीच समाजी पचरा शैली में एक गीत गाते हैं। दोनों धीमे चलते हुए मंच से बाहर चले जाते हैं।]

समाजी : **पचरा**

चलेले चतुरचाली, चलेले चतुरचाली,
दूनों जने मिलके चलेले चतुर चाली।

बतियावें हालि-हालि, बतियावें हालि-हालि,
दूनों जने मिलके बतियावें हालि-हालि।

[गीत समाप्त होते ही मंच के दूसरे भाग में प्रकाश होता है। अमली हाथ में सूप या टोकरी लिये खलिहान में अन्न को भूसे से अलग करने के लिए ओसाने का काम कर रही है। सूत्रधार काँधे पर लाठी लिये, लाठी में पोटली लटकाए परदेस जाते बटोही (राहगीर) के रूप में दिखता है। अमली और बटोही में गीतों में संवाद होता है।]

अमली : **बटोही गीत**

भइया बटोहिया रे तुहुँ जाले कवना देस?
दिन भर बिलमि के मोरऽ सनेस सुन,
भइया बटोहिया रे तुहुँ जाले कवना देस?
रोजी-रोजगार करे, रुपिया कमाई करे,
भइया बटोहिया रे पिया मोरा गइले बिदेस।
रोवत-रोवत मोरी अँखिया पिरइली रे,
भइया बटोहिया रे एको नाहि भेजले सनेस।
सुन रे बटोहिया, सुन मोरे भाई,
भइया बटोहिया रे, जिनगी भइल मोर कलेस।

बटोही : *मन मोरे दुखी भइले सुनि के वियोग तोर,*
बहिनी अमली रे सहलो ना जाला तोर कलेस।

अमली : *हाथ जोड़ीं गोड़ पड़ीं तोरा से अरज करीं,*
भइया बटोहिया रे कहिहऽ तू इहे सनेस।

[तर्ज बदलकर]

जबसे तू गइलऽ दुखित बाटे जिया मोरा
पियवा हो, काहे ना लवटलऽतू देस?
अंग-अंग रोज तोड़ीं बन-बनिहारी करीं,
पियवा हो तबो ना भरेला ई पेट।
गहना-गुरिया बिकले लुगा-लुगरी फाटि गइले,
पियवा हो धइनीं पगलिनिया के भेस।
एक बार मुँहवा देखा जा मोरे पियवा,
पियवा हो छुटल जाला जिनगी के आस।

बटोही : *मनवा के थिर करऽ, करेजवा में धीर धरऽ,*
बहिनी अमली रे जनि छोड़ऽ जिनगी के आस।
दउड़ल जायब जइसे तोर पिया पायब,
बहिनी अमली रे तोर पियवा पठायब देस।

[बटोही चला जाता है। अमली उसे जाते हुए एकटक देखती रहती है। अबरार खाँ और मुंशीजी बातें करते हुए प्रवेश करते हैं। अमली के पास पहुँचते हैं।]

अबरार खाँ : का हाल है रे रमेसरा बहू? काम-धन्धा ठीक से चल रहा है? कवनो चीज की जरूरत हो, तो तकलीफ मत करना...बोलना। *(मुंशीजी से)* औरत जात बेचारी, अकेली हो गई। अपनी

जिनगी का बोझा अपने कपार पर ढो रही है। रमेसरा भी दगा दे गया। कलकाता भागा, सो आज तलक कवनो खत-खबर ना है। *(अमली से)* का रे, कवनो खबर आई?

अमली : ना मालिक।

अबरार खाँ : ना लवटेगा अब! साल भर से ऊपर हुआ गए। कवनो पता-ठिकाना भी ना भेजा।

मुंशीजी : बुधिया को का हुआ था रे? सुने कि बीमार थी।

अमली : हाँ मलिकार।

मुंशीजी : दवा-इलाज ना हुआ था?

अबरार खाँ : हुआ था भाई, हुआ था। अब मउत का कवन ठिकाना! कब जान निकल जाए, कवन जानता है! आई रही हमरे पास रोती-कलपती। तो का करें भाई! मोहब्बतदार आदमी ठहरे, केकरो दुख-तकलीफ ना देखा जाता है हमसे, सो पाकिट से निकालके नोट दिए...काम-धन्धा दिए। बोले, हमरे घर का कुटनी-पिसनी कर, खेत-बधार में काम-धन्धा कर। गई रही महादेव से रुपिया करजा माँगे। जाने का-का बवाल हुआ। सगरे गाँव में दस अफवाह।...दस मुँह, दस बात कि ई हुआ...तो ऊ हुआ। छिः छिः...*(अमली मुँह में आँचल दाबकर रोने लगती है)* रोती काहे है रे? तू तो अपना फरज निभा चुकी। दवा-इलाज हुआ बच जाती तो ठीक...ना बची तो कवन ओकरे हाथ-गोड़ हिला के दस जन का पेट भरना था। तुम्हरी गुजर तो

कवनो दरवाजे पर हो जाएगी। दू रोटी का हिसाब है। बस। जा, तू अपना काम कर। रोना-धोना छोड़ दे।

[अमली चली जाती है।]

मुंशीजी : एक बात बोलें हो अबरार भाई?

अबरार खाँ : बोलो।

मुंशीजी : है गजब की ससुरी! नसीब फूटा था, सो कवनो बड़का घर में ना जनमी। महादेव का ईमान कवनो गलत ना खराब हुआ था! अब ई दूसरी बात है कि तुमको जलन हो रही है।

अबरार खाँ : छोड़ो भाई, हम तो दूनों कान पकड़ के तौबा कर चुके हैं।

[दोनों ठहाके लगाते हैं।]

मुंशीजी : अब चलते हैं।

अबरार खाँ : रुको भाई! एक जरूरी काम से बुलाए रहे।

मुंशीजी : कवन काम?

अबरार खाँ : एहिके बारे में।

मुंशीजी : केकरे बारे में?

अबरार खाँ : एहि रमेसरा बहू के बारे में।

मुंशीजी : तो हम दूसर के बारे में बतिया रहे थे का?

अबरार खाँ : ना भाई, दूसर मामला है। महादेव तो जवन लेना था, ले चुके। अब हमरी बारी है।

मुंशीजी : तुम घर ही बइठा लो।

अबरार खाँ : बइठावेंगे भाई। घर ही में बइठावेंगे...पर अइसे ना। पहिल दूनों मुट्ठी में बटोर लेवेंगे तब।

मुंशीजी : हम समझे ना!

अबरार खाँ : समझा रहे हैं। एकरे पास खेत-बधार तो है ना। पाँच-दस कट्टा जवन रहा, सो रमेसरा के बाप से महादेव राय के बाप अँगूठा लगवा के हड़प लिये। जिनगी भर एकरी सास को नोचते-खसोटते रहे। अब हमरी बारी है। एकरे पास घड़ारी जमीन है।

मुंशीजी : एकरी घड़ारी जमीन तो बड़ा रोख पर है। सड़किया जो पास हुई है, एकरे दुआर के सामने से निकलेगी। जमीन कम ना है। बस सड़किया निकले भर की देर है। फिर तो ऊ जमीन को सोना समझो...सोना।

अबरार खाँ : बस इहे बात है। सिरफ एतनी सी बात। हमरा और कुछ ना चाहिए। कवनो तरह जमीन लिखा जाए, फिर तो चुटकी बजाके कब्जा कर लेवेंगे। बुढ़िया तो मर गई...ई अकेली है...पड़ी रहेगी हमरे दुआर पर। काम-धन्धा करेगी, दू रोटी खाएगी।

मुंशीजी : तो लिखवा लो।...कवन बड़ी बात है?

अबरार खाँ : मानेगी ना भाई।...भारी अड़ियल है।

मुंशीजी : तुम्हरी बात ना मानेगी?

अबरार खाँ : ना भाई! तुम समझते ना हो। हम जोर-जबरदस्ती के हिमायती ना हैं। कायदा से काम निकल जाए...फिर तो सीना तान के...ताल ठोक के

खड़ा हो जाएँगे।...काहे से कि महादेव तो बिना चढ़ा-ऊपरी किए मानेंगे ना।...फिर ई ससुरी भी तो राय से बात ना मानेगी। चुप-चोरी कइसहुँ काम हो जाए, फिर तो महादेव आएँ चाहे कवनो जबरजोत, का फरक पड़ता है!

मुंशीजी : एक उपाय है।

अबरार खाँ : कवन उपाय? बोलो।

[मुंशीजी अबरार खाँ की बाँह पकड़कर मंच के एक कोने में ले जाते हैं। दोनों पर प्रकाश केन्द्रित होता है। दोनों षड्यंत्रकारी मुद्रा में फुसफुसाकर बातें करते हैं। कुछ क्षण बाद प्रकाश सामान्य होता है।]

अबरार खाँ : वाह भाई! वाह! ई हुआ न कमाल! तुम्हरे दिमाग का भी जोड़ा ना है। कचहरी में मोख्तारी करते, ई नेतई के चक्कर में कइसे फँस गए?

[दोनों ठहाका लगाते हैं।]

मुंशीजी : ई चक्कर तुम ना समझोगे।...अब ई काम में देरी ना करो।

अबरार खाँ : अब तुम्हारी मदद मिले तब तो!

मुंशीजी : जरूर मदद करेंगे भाई, पर सामने ना आएँगे।...पीछे रहेंगे।

अबरार खाँ : ठीक बात। दू-चार दिन बाद कचहरी का परोगराम बनाते हैं।

मुंशीजी : चलते हैं।

[दोनों विपरीत दिशाओं में जाते हैं। अबरार खाँ तो निकल जाते हैं, पर सामने से आता हुआ गड़बड़िया मुंशीजी की राह रोककर खड़ा हो जाता है।]

गड़बड़िया : परनाम मालिक।

मुंशीजी : का है रे? कवन है तू?

गड़बड़िया : का मालिक, भुला गए? आपको बबुआ के विवाह में हमहीं नाचे-गाए थे सरकार।...और भोटवा के दिन में मंगल परसाद के साथ हमरे दुआर पर आप ही दाँत चियारते आए थे। *(हँसता है।)*

मुंशीजी : अरे! तू है! नाच पाटी का लबार गड़बड़िया! पहचान गए रे।

गड़बड़िया : हमहुँ पहचान गए मलिकार। कचहरी में जाके मलाई चाभने का जुगाड़ हो गया।

मुंशीजी : अरे साला! दू कौड़ी की औकात और एतनी लमहर जुबान! भाग! ना तो मार-मार के चोखा बना देंगे।

[गड़बड़िया चिढ़ाते हुए गीत गाता है। मुंशीजी उसे खदेड़ते हैं।]

गड़बड़िया : *मुंशीजी थरिया के बैंगन,*
ई तो केहु के ना भइलन।

दूनों ओर बतियावें कनफुसिया में।

[दोनों मंच से बाहर चले जाते हैं। सूत्रधार मंच पर आता है और समाजियों के साथ मिलकर कजरी-झूमर गाता है।]

सूत्रधार : **कजरी-झूमर**

सुनि-सुनि आगे के हवाल
आइल गाँव में भूचाल।
लोगवा रहेला बेहाल कनफुसिया में॥
केहु, केहु से छुपावे,
केहु, केहु से बतियावे। लोगवा...
केहु जोर से ना बोले,
आपन मुँहवा ना खोले। लोगवा...
खेत-खलिहान एके बात,
भरत पानी एके बात। लोगवा...
गँउवा भर में एके बात,
भइल अमली साथे घात। लोगवा...

[सूत्रधार गीत समाप्त कर समाजियों में जा मिलता है। मंच पर प्रकाश होता है। बुझावन, उसका बेटा और कुछ अन्य ग्रामीण बैठे हैं। बचना प्रवेश करता है।]

बचना : बुझावन काका हो!...ए बुझावन काका!

बुझावन : का है रे?

बचना : बहुत बुरी खबर है। सुने?

बुझावन : का हुआ रे?

बचना : अरे आज तलक गाँव में जवन ना हुआ, ऊ सब हो रहा है। अब अपने गाँव में कवनो गरीब-गुरबा का गुजर-बसर ना होगा। पहिले तो दुख-तकलीफ सह के दू रोटी मिल जाती थी, पर अब तो बड़का लोग गाँव-जवार छुड़ाने पर लगे हैं।

बुझावन : अरे ससुरा! साफ-साफ बोल तो सही। बुझउवल काहे बुझा रहा है?

ग्रामीण एक : कवनो बात सीधा ना बोलता है तू। जल्दी बोल, का हुआ?

बचना : काका हो, अमली भउजी की घड़ारी जमीन नीलामी पर चढ़ गई।

बुझावन : भोरे-भिनसारे भाँग घोंटा है का रे?...कि धतूरा चबा लिया?

बचना : काका, ना भाँग घोंटे, ना धतूरा चबाया। साँच बात बता रहे हैं।

ग्रामीण दो : बेमतलब की बात। ई बचना गड़बड़ बतियाके रगड़ा-झगड़ा का ओर-छोर खोजते फिरता है।

बचना : चुप रहो। ना जानते हो तो बकर-बकर काहे करते हो? कल्हे नीलामी हुई।

बुझावन : नियाव-निसाफ सब दुनिया से मेट गया का रे? अरे कवने कारन नीलामी हुई? ना पटवन का करजा, ना खाद-बीज का! कवनो खेत-बधार

तो है ना कि मालगुजारी बाकी है! फिर कवन कसूरे नीलामी हुई है?

ग्रामीण तीन : *(प्रवेश करते हुए)* रे बचना! अरे ई का सुन रहे हैं रे? साँच बात है का? सुने कि रमेसरा बहू की घड़ारी जमीन नीलामी पर चढ़ गई।

बचना : एकदम साँच बात है भाई!

बुझावन : कवन कसूरे नीलामी हुई रे? सरकार को भी आँख ना है का?

बचना : गाँव-जवार के ऊ लोगन के पास, जेकरा साथ एतनी लमहर जिनगी कटती है, आँख ना है,...तो सरकार के पास काहे की आँख!

ग्रामीण चार : सरकार नीलामी कराई?...का रे बचना, सरकार कराई का?

बुझावन : तो दूसर कवन कराएगा? सरकार को छोड़ केकरे पास बल-बूता है?

बचना : काका, नीलामी तो सरकारे करवाती है। सगरे कागज-पत्तर भी सरकारे के हियाँ बनता है।...पर सरकार को कवन गरज है बिना पीछे पड़े? पीछे पड़के सब काम हुआ।...फिर डाक बोली में जो चाहे पइसा देके ले ले।

ग्रामीण चार : ई तो तमाशा हो गया!

[दो और ग्रमीण प्रवेश करते हैं।]

ग्रामीण पाँच : तमासा देखो। सगरे गाँव मिलके तमासा देखो।...अरे! आँख में सुरमा-काजर लगाके निहारो अपनी जिनगी।...का जाने कवन जनम

का पाप है कि ई जनम में भोग रहा है आदमी!

ग्रामीण छह : ई तो जायज ना हुआ भाई! गरीब-मजलूम जनाना के साथ नाइन्साफी हुई है।

ग्रामीण पाँच : ई दूनों का खानदान तो पहिले से ही कसाई है। एकरे मुट्ठी से गरदन छूटी, तो ओकरे ठेहुना से छाती दबा गई।

ग्रामींण सात : बहुत बड़की चाल है एहिमें।

बुझावन : ऊ ओकर पुस्तैनी घड़ारी जमीन है। कइसी चाल है कि एतना भारी अन्हेर हो गया?

बचना : रमेसरा के बाबू ढाका गए रहे कमाने?

ग्रामीण : हूँ। गए रहे।

बचना : और ना लवटे?

ग्रामीण पाँच : सगरे गाँव-जवार जानता है कि ना लवटे।

बुझावन : गाँव से तो बहुत लोग गए रहे और ना लवटे। अबहियो जा रहे हैं। पहिले ढाका जाते रहे...अब कलकाता, असाम, पंजाब जा रहे हैं। केतने लोग मर-बिला गए और ना जाने केतने लोग ओहिजा अझुरा गए! दू-चार बरिस बाद केतने लोग लवट पाते हैं? कवनो नई बात है का? बुढ़ाय गए सब देखते-सुनते।

बचना : काका, पहिले बात सुनो।

[सब लोग बचना की बात सुनने के लिए सिमटते हैं। कुछ और लोग आकर मिल

जाते हैं। गड़बड़िया भी इसी भीड़ में शामिल है।]

बुझावन : बोल।

बचना : रमेसरा के बाबू ढाका गए और ना लवटे। अब ढाका तो रहा ना...ऊ बना पाकिस्तान...

बुझावन : हम ई सब ना जान रहे हैं का? अरे हमरे जमाने की बात है। सगरे जान के बइठे हैं हम।

ग्रामीण पाँच : बइठे हो, तो बइठे रहो। तू लोग तो जनम से बस बइठे हो।...कहियो खड़ा हुए?...आज तलक कहियो कवनो बात पर खड़ा हुए? बोलो?...बइठे रहे...बइठ के लात-जूता खाते रहे...दाँत चियार के मालिक-मालिक गुहारते रहे...अपने-औलाद के गले में फँसरी लगाते रहे! हुँह! बइठे हैं।

ग्रामीण चार : बात तो कवनो ढंग से सुनेगा ना...बस बकर-बकर करेगा सब। अरे बात सुनो पहिले, तब बकर-बकर करना।

बचना : अब तो ऊ पाकिस्तान भी ना रहा। हो गया बंगलादेस।...तो जवन लोग ओहिजा से ना लवटे, ओकरी जमीन नीलामी हुई रही कि ना काका, तोहरे लोग के जमाने में? बोलो काका?

बुझावन : हुआ रहा नीलाम। ऊ डीहवाला खेत रहमतवा का है। बाबूटोला के लोग नीलाम लिये।

रहमतवा ओहिजा जाके बस गया और ओकरी जनाना एहिजा डूबके मर गई।

ग्रामीण तीन : मोहसिन चा भी तो ना लवटे!

बुझावन : हूँ। ओकरी एक बिगहा जमीन अबरार खाँ नीलामी करवाए। चँवरवाला खेत, जवना में बासमती धान छाती भर उठता है।...चुल्हइया, गजाधर, नसीरवा...हैदरवा...सब ओहिजा मर-खप गए। सबकी दू-चार कट्टा धरती थी, सो ई लोग नीलामी पर चढ़वा दिए।...पर रमेसरा पाकिस्तान तो ना गया!

बचना : ना काका। रमेसरा की महतारी बुधिया जहिया तक जिन्दा थी, जमीन पर ओकर हक था। मरी तो जमीन चढ़ गई नीलामी पर।

बुझावन : काहे रे?

बचना : अबरार खाँ कचहरी में हेर-फेर करवा दिए हैं। हाकिम को रिसवत चटाके लिखवा दिए हैं कि बुधिया का मरद जाके ढाका में बस गया और ओकरी जनाना मर गई तो जमीन रिफूजी हो गई। काहे से कि रमेसरा तो बुधिया का बेटा ही ना है। ओकर मरद तो ढाका में था, बेटा कहँवा से आ गया?

बुझावन : रमेसरा आसमान से टपका था का रे? रमेसरा का बाप जब ढाका गया तो बुधिया पेट से थी।

बचना : काका! एहि बात की उलट-फेर करके चुप-चोरी नीलामी हुआ।

ग्रामीण पाँच : वाह रे निसाफ! केकरो कहे से आल-औलाद की साख मेट जाती है का? हम बोल दें कि बचना तो सोहराइ का बेटा ना है, तो सरकार मान जाएगी?...साहेब मान जाएगा?

बचना : काहे ना? दू-चार सौ रुपिया दे दो, तो साहेब सगरे झूठ को साँच बनाके रख दे।

ग्रामीण दो : सगरे काम चुप-चुप हुआ।...ऊपरे-ऊपर! बाबू साहेब को भी पता ना चला।

बुझावन : अब रमेसरा की जनाना का का होगा रे?

बचना : भीख माँगेगी गाँव-जवार में घूम-घूम के।

ग्रामीण छह : ऊ गरीब जनाना बेघर होके कहँवा जाएगी?

ग्रामीण पाँच : देखो, सगरे गाँव के लोग तमासा देखो!

बुझावन : हाय लगेगी रे, हाय! बज्जर गिरेगा खाँ साहेब के कपार पर।

ग्रामीण दो : बाबू साहेब छोड़ेंगे ना। दूनो जन में पुराना वैर है, सो अमली की ओर से जरूर बवाल करेंगे।

ग्रामीण चार : अरे! उनको कवन गरज है कि बवाल करेंगे?

ग्रामीण सात : बवाल करके अपने हथियाएँगे।

[एक आदमी दौड़ते हुए आता है।]

आगन्तुक ग्रामीण : बचना रे बचना!...अरे चलो रे भाई! सब हिन्दू लोग की बुलाहट है बाबू साहेब के दुआर पर। अरे जल्दी चलो...चलो रे भाई!...

[आगन्तुक ग्रामीण तत्काल वापस चला जाता है। उसके पीछे-पीछे बुझावन और

हिन्दू ग्रामीण चले जाते हैं। सबसे अन्त में दुविधा के भाव के साथ बचना जाता है। गड़बड़िया और अन्य लोग, जो हिन्दू नहीं हैं, मंच पर छूट जाते हैं। प्रकाश इन पर केन्द्रित होता है। गड़बड़िया को छोड़कर शेष लोग एकत्र होते हैं, एक-दूसरे को निःशब्द घूरते हैं और अचानक तेज कदमों से दूसरी ओर निकल जाते हैं। गड़बड़िया अकेला छूट जाता है। वह चीख-चीखकर रोने लगता है और समाजियों के आगे गिर जाता है।]

सब समाजी : का हुआ रे?

सूत्रधार : *(उठकर पास आते हुए।)* काहे आन्ही में गाछ-बिरिछ जइसा धड़ाम से गिर गया रे?

समाजी एक : मिरगी है, मिरगी। जूता सुँघाओ साले को।

गड़बड़िया : ना रे बाप, जूता ना। जूता खाते-खाते तो कपार का सब बाल उड़ गया...अकिल-गियान सब लुगदी हो गया।

सूत्रधार : तो बोलो, काहे हियाँ धड़ाम से गिर गया?

गड़बड़िया : *(उठता है।)* ओस्ताद! बड़की भारी आफत में पड़े हैं। ए ओस्ताद कुछुओ बुझात नइखे, अनाज तो अनाज पानियो घोंटात नइखे।...ओस्ताद!

सूत्रधार : का हुआ रे? बोल तो सही!

गड़बड़िया : ओस्ताद! सगरे गाँव बीच से फाट गया। हम कवन ओर जाएँ? हमर ठहरे टुअर-टापर। तुम

ही हमरा के पाले-पोसे हो। हमरा एक बात बता दो कि हम हिन्दू हैं कि मुसलमान?

सूत्रधार : बेटा! कबीर बाबा जनमे हिन्दू के घर...पोसाए मुसलमान के घर। तू जनमा गरीब-लाचार के घर...पोसाया नाच-तमासावाले के घर।...सो तू हुआ कबीर बाबा से भी बड़का संत... गड़बड़िया संत। समझा बेटा? चल उठ।

गड़बड़िया : ना रे भाई! तुम लड़कपेंच लगाके बतिया रहे हो। हमको भुलिया रहे हो का?

सूत्रधार : साँच रे बेटा, साँच! नाच-तमासावाले लोग की कवनो जात ना होती है...ना होता है कवनो धरम। अगर कवनो जात-धरम है, तो बस ई कि साँच बात बोलो...खरा-खरा बोलो। चल उठ! चुपचाप चलके सबके साथ बइठ जा।

गड़बड़िया : हम ना बइठेंगे। *(उठता है। तनकर खड़ा होता है।)* एतना बड़का...एतना भारी जुलुम हो गया और हम बइठें?...नाचें-गाएँ? हम तो चले गाँव में।

[गड़बड़िया तेज गति से बाहर निकल जाता है। सूत्रधार कजरी-झूमर शैली में समाजियों के साथ गीत गाता है।]

समाजी : **कजरी-झूमर**

देखीं आगे के तमासा,
पलटल झगड़ा के पासा।
लोगवा गइल अझुराय एहि खेलवा में।

केहु एने ओरि आइल,
केहु ओने ओरि गइल। लोगवा...
केहु लाठी लेके दउड़ल,
केहु भाला लेके दउड़ल। लोगवा...
सबके अकिल पड़ल पानी,
भइल दूनो घर के चानी। लोगवा...
धरम-जात आगे आइल,
अमली के दुखवा भुलाइल। लोगवा...

[सूत्रधार समाजियों के बीच जाकर बैठ जाता है। मंच के अग्रभाग के एक कोने में केन्द्रित प्रकाशवृत्त उभरता है। हाथ में लाठी लिये महादेव राय भीड़ को सम्बोधित करते हैं। भीड़ के रूप में दर्शकों को ही सम्बोधित किया जा सकता है।]

महादेव राय : भाई लोग! हमरे गाँव के हिन्दू भाई लोग! हम एहिजा एतनी बड़ी भीड़ के सामने हाथ जोड़के भोट माँगे खातिर ना खड़ा हुए हैं।...और ना तो अपना धन-दौलत...अपनी जान बचावे खातिर मदद माँग रहे हैं। हमरे पास एतनी ताकत है कि हम अकेले दस-बीस आदमी के बीच में दुहत्थी लाठी चला लेंगे।...हम अपना वैरी खातिर अकेले कम ना है।...पर अबहीं हम कवने कारन सगरे गाँव के हिन्दू भाई को बुलाए हैं...ई बात सब लोग जान रहा है।

अबरार खाँ की चालबाजी कवनो आदमी से छुपी ना है। ऊ तो जनमे का बेईमान है।...पर भाई, बेईमानी का भी एक रास्ता होता है...परमान होता है। पाँच-दस कट्टा जमीन खातिर एक गरीब-बेसहारा जनाना का घर आज उजड़े जा रहा है। कल ऊ जनाना कहँवा जाएगी?...कवन दुआर पर जिनगी काटेगी?...ओकर मरद परदेस में बस गया, एकर मतलब ई तो ना है कि जेकरे पास ताकत है, ऊ ओकर इज्जत लूट ले...घर-दुआर हड़प ले।...जवना धरम खातिर एक-से-एक बड़का संत-महात्मा लोग जान-परान नेवछावर कर दिए...आज ऊ धरम का नास एतने लोग के सामने हो रहा है। भाई लोग! हमरा अबरार से कवनो खतरा ना है...ना हम अपना खातिर कह रहे हैं। हमको जरूरत होगी...हम अकेले लड़ लेंगे।...पर भाई रे, ई झगड़ा अकेले लड़ेवाला ना है। ई सगरे गाँव की बात है। ई जात-धरम की रच्छा का सवाल है।...आज अगर अमली की घड़ारी जमीन दखल हो गई, तो बिहाने गाँव के दूसर लोगन का गाय-गोरू, घर-जमीन सब नीलामी पर चढ़ जाएगा। आज जमीन...कल्हे इज्जत-आबरू...जात-धरम सब जाएगा रे भाई! एक बात गाँठ बान्ह लो जब तक लाठी में दम ना रहेगा गाँव के मुसलमान हिन्दू को चैन से रहे ना देंगे।...गर मान-मरजाद की जिनगी दरकार

है...तो चलो लाठी लेके...अमली का घर उजड़े से बचा लो...। चलो रे भाई!

[महादेव राय प्रस्थान करते हैं। नेपथ्य में 'जय बजरंगबली' और 'हर-हर महादेव' का नारा लगता है। कुछ लोग लाठी-भाला लिए मंच से गुजरते हैं। मंच के अग्रभाग के दूसरे कोने में प्रकाशवृत्त उभरता है। अबरार खाँ भीड़ को सम्बोधित कर रहे हैं।]

अबरार खाँ : भाई लोग! हमरे गाँव के मुलसमान भाई लोग! अब ई एक आदमी की बात ना रही। अब ई बात मजहब पर आके टिक गई है।...गर ई बात सिरफ हमारे ऊंपर रहती, तो हम फिकर करते।...पर भाई रे, महादेव अब मजहब की वात उठा दिए हैं। सगरे गाँव-जवार के हिन्दू लोग, मुसलमान को उजाड़े खातिर तइयार हैं...लाठी-भाला चमका रहे हैं। अमली की घड़ारी जमीन नीलामी कराके हम अच्छा किए कि खराब, ई सोचे का समय अबहीं ना है।...ई बात बाद में। अबहीं तो सवाल है अपनी जिनगी का...मजहब की हिफाजत का।....हम लाठी के बल-बूता पर...जोर-जबरदस्ती नीलामी ना करवाए हैं। सरकार ओकरी जमीन को रिफूजी करार दी, तब हम नीलाम लिये।

कचहरी-सरकार...हाकिम-हुक्काम नीलाम किया, तो हम नीलाम लिये। भाई रे! ई तो सरकारी मामला है। सगरे गाँव जान रहा है कि ई गाँव में तीन हिस्सा की जमींदारी हमरी थी और एक हिस्सा महादेव राय के बाप-दादा की थी। गाँव के सारे हिन्दू हमरे रइयत रहे हैं।...हमरे रइयत का मतलब, मुसलमान का रइयत।...तो भाई, ई रइयत कौम आज एक मुसलमान की इज्जत से खेले खातिर...इस्लाम से खेले खातिर तइयार है...और सगरे मुसलमान लोग सूतल हैं। बुढ़ौती में हमरी कवनो हसरत ना है कि लाठी-भाला लेके फौजदारी करते चलें।...अब हिन्दू लोग मुसलमान की गरदन काटें, गाँव से उजाड़ें...मजहब से खेलें...तो ई जहालत की जिनगी हम ना सहेंगे भाई। हम तो अपनी कुरबानी दे देंगे।...आज हमरी नीलामी कराई जमीन दखल हुई, तो कल्हे सगरे मुसलमान लोग पर आफत गिरेगी। सबका घर-दुआर...मस्जिद-ईदगाह दखल करेंगे हिन्दू। एक बार हिन्दू लोग का हौसला बढ़ गया, तो सगरी जिनगी भुगतना पड़ेगा। चलो रे भाई, अपने मजहब की हिफाजत करो...हमरी नीलामी कराई जमीन दखल करो...। चलो रे भाई!

[अबरार खाँ तेज कदमों से प्रस्थान करते हैं। नेपथ्य से नारा लगता है—

'नारा-ए-तकबीर अल्लाह-ओ-अकबर'। कुछ लोग लाठी-भाला लिये मंच से गुजरते हैं। दोनों दल नेपथ्य से नारे लगाते हैं और अबरार खाँ तथा महादेव राय के नेतृत्व में विपरीत दिशाओं से मंच पर प्रवेश करते हैं। प्रकाश तीव्र होता है। दोनों दलों के आमने-सामने होते ही अमली को घसीटते हुए लेकर मुंशीजी मंच पर आते हैं और उसे सामने धकेल देते हैं। भीड़ ठिठक जाती है। लोगों के हाथ थम जाते हैं।]

मुंशीजी : ठहरो!...ठहरो सब लोग! का हो महादेव भाई, ई सब ठीक हो रहा है?...ई हरामजादी-बदचलन औरत खातिर सगरे गाँव के लोग कट-मर जाएँ...ई समझदारी की बात है? का हो अबरार भाई? बोलो? हम दूनोंजन से पूछ रहे हैं कि एक औरत खातिर सगरे गाँव को मुरदघटिया काहे बना रहे हो?...आज तलक अपने गाँव में हिन्दू-मुसलमान का बवाल ना उठा, पर आज पाँच-दस़ कट्टा जमीन के बहाने एक़ औरत एतना बड़का बवाल मचा रही है कि हिन्दू-मुसलमान आपस में मार-पीट खातिर तइयार हैं? तू लोगन की मति कइसे मारी गई? अरे कइसे एकरे तिरियाचरित्तर में फँस गए भाई?

महादेव राय : आज तलक ई बवाल ना हुआ तो आज काहे हो रहा है?...ई बात सब केहु जान रहा है।... तहरो मालूम है। बोलो कि एह गाँव में हिन्दू ना रहें? आज अमली की घड़ारी जमीन गई...कल दूसर लोगन का घर-दुआर जाएगा...मन्दिर नीलाम होगा! अब केहु चुप बइठके ना सहेगा। अरे जब जमीन-जायदाद...मान-मरजाद ना रहा, तो जी के का होगा भाई? हमनियों के लाठी में दम है, सो आज ई फैसला होके रहेगा।

अबरार खाँ : अरे आज तलक कहियो आँख मिलाए हो?...कहियो किए हो फैसला?...फैसला होके रहेगा! हुँह! हियाँ भी कवनो आदमी पीछे ना हटेगा। सब केहु किरिया खाके दूनों जन को हम समझा-बुझाके तइयार कर लिये हैं। ई झगड़ा मिटावे का एक उपाय है। सगरे गाँव माने खातिर तइयार हो, तो बोलें?

भीड़ : सब केहु मानेगा।...पंच की बात सब केहु मानेगा।

मुंशीजी : सगरे झगड़ा की जड़ ई अमली हरामजादी है। एहि बदचलन औरत के चलते एतना भारी बवाल हुआ। जहिया तलक ई गाँव में रहेगी, फसाद उपराजेगी...बवाल मचाएगी। गाँव का जवान बाल-बच्चा का चाल-चलन एकरे चलते बिगड़ रहा है। दुआर पर मेला लगाए रहती है।...रात-बिरात...टैम-कुटैम हल्ला-हंगामा होते रहता है।

बचना : झूठ है।...ई साफ झूठ है। *(सामने आता है।)*

मुंशीजी : कवन है? बचना! ई साला भी एकरे इयार है।...चुप लगा, ना तो सगरे गाँव से पिटवाएँगे। *(बचना आगे बढ़ता है। दो-चार लोग उसे पकड़कर पीछे खींच लेते हैं।)* हमरा फैसला है भाई कि कल सुबह से पहिले ई कुलच्छनी को गाँव से निकालो। अब एकरी जमीन तो सरकार के कागज में रिफूजी जमीन है। भाई लोग, अब ई जमीन सारबजनिक रहेगी। एहि जमीन पर स्कूल खुलवाएँगे हम। सरकार से मंजूरी दिलवाएँगे। सबके बाल-बच्चों का भला होगा। गाँव भर के लोग मिल-जुलके सरधा से ई काम में लगेंगे, तो कवनो भारी काम ना है। जवन कमी होगी, ओकर जिम्मा हमरे कपार पर। ई हियाँ रहेगी, तो सगरे गाँव की नाक कटवाएगी। गाँव छोड़ देगी, तो सब झंझट अपने-आप मिट जाएगा।

बचना : *(कूदकर सामने आता है।)* ई ना होगा। हम ई ना होवे देंगे।...हमरे जीते-जी तो ई ना होगा। हम सबका खून पी जाएँगे। साले, ई निसाफ है?...ई है पंच का फैसला? ई पंच साला सब तो बाघ है बाघ।...हम ई ना होवे देंगे।

मुंशीजी : मारो साले को।

[कुछ लोग आगे आकर उस पर लाठियों से आक्रमण करते हैं। बचना उनसे जूझता है

और अन्ततः गिरकर दम तोड़ देता है। अमली चीखती है। बचना की लाश से लिपट जाती है। मुंशीजी उसे खींचकर फिर धक्का देते हैं।]

हरामजादी, नखरा पसारती है। सगरे गाँव के बीच इयारी दिखाती है। कल भिनसारे...किरिन उगे से पहले गाँव छोड़ दे, ना तो सगरे गाँव के सामने लंगटिया के खदेड़ेंगे।

[मुंशीजी के संकेत पर कुछ लोग बचना की लाश लेकर चले जाते हैं। पीछे-पीछे मुंशीजी, अबरार खाँ और महादेव राय भी चले जाते हैं। मंच पर छूट गए शेष हतप्रभ और हताश लोग एक तरफ सिमटते हैं। अमली रोती है और सोरठी धुन में एक गीत गाती है।]

अमली : **सोरठी**

सबके जिनिगिया रामा सुखवा से भरल हो,
सुखवा से भरल नू रे की।
मोरी जिनिगिया रामा दुखवा में डूबल हो,
दुखवा में डूबल नू रे की।
चढ़ली जवनिया रामा माटी मिल गइल हो,
माटी मिल गइल नू रे की।
देखते-देखते रामा खोतवा उजड़ल हो,
खोतवा उजड़ल नू रे की।

अमली

जवने दुअरिया रामा डोलिया उतरल हो,
डोलिया उतरल नू रे की।
उहो दुअरिया रामा आज छुटि गइल हो,
आज छुटि गइल नू रे की।

[अमली बाहर निकल जाती है। सूत्रधार मंच पर हताश खड़े लोगों के पास आता है और समापन-गीत आरम्भ करता है। शेष लोग भी नेपथ्य से निकलकर मंच पर आते हैं और गायन में उसका साथ देते हैं।]

सूत्रधार : **समापन गीत**

सिसकि-सिसकि के जनि पोछऽ लोरवा,
तब करऽ सुखवा के आस हो।
एक जुट होके भइया रोके सीखऽ अमली,
तब चली जिनगी के साँस हो।
मनवा जे मारि के बइठल रहबऽ तू,
नाहिं छूटी गरदन फाँस हो।
बूता रखऽ छतिया में रहऽ एकमतिया में,
होई ना तो जिनगी बेमेल हो।
एतने हवाल बाटे अमली के जिनगी के,
खतम भइल अब खेल हो।

●●●